메시지 | 역대상·하

THE MESSAGE: 1·2 Chronicles

Eugene H. Peterson

The MESSAGE

역대상·하

유진 피터슨

복 있는 사람

메시지 | 역대상·하

2020년 11월 20일 초판 1쇄 발행
2022년 4월 11일 초판 2쇄 발행

지은이 유진 피터슨
옮긴이 김순현 윤종석 이종태
감수자 김회권
펴낸이 박종현

(주) 복 있는 사람
주소 서울특별시 마포구 연남동 246-21(성미산로23길 26-6)
전화 02-723-7183(편집), 7734(영업·마케팅) 팩스 02-723-7184
이메일 hismessage@naver.com
등록 1998년 1월 19일 제1-2280호

ISBN 978-89-6360-374-2 00230

이 도서의 국립중앙도서관 출판예정도서목록(CIP)은 서지정보유통지원시스템 홈페이지
(http://seoji.nl.go.kr)와 국가자료공동목록시스템(http://www.nl.go.kr/kolisnet)에서
이용하실 수 있습니다. (CIP 제어번호: 2020046346)

THE MESSAGE: 1·2 Chronicles
by Eugene H. Peterson

Originally published in English in the USA under the title
THE MESSAGE by Eugene H. Peterson

차례

일러두기

- 유진 피터슨의 『메시지』 영어 원문을 번역하면서, 한국 교회의 실정과 환경을 고려하여 『메시지』 한글 번역본의 극히 일부분을 의역하거나 문장과 용어를 바꾸었다.
- 유진 피터슨은 『메시지』 영어 원문에서, 유일무이한 하나님의 인격적 이름을 주(LORD) 대신에 대문자 GOD로 번역했다. 따라서 『메시지』 한국어판은 많은 논의와 신학 감수를 거쳐, 원저자의 의도를 반영해 '주'(LORD) 대신에 강조체 **'하나님'**(GOD)으로 표기했다.
- 『메시지』 한국어판의 도량형(길이, 무게, 부피)은 『메시지』 영어 원문을 기초로 하여, 오늘날 우리나라에서 일반적으로 통용되는 단위로 환산해 표기했다.
- 지명, 인명은 대한성서공회에서 발행한 「개역개정」 「새번역」 성경의 원칙을 따랐다.

『메시지』를 읽는 독자에게

『메시지』에 독특한 점이 있다면, 현직 목사가 그 본문을 다듬었기 때문일 것이다. 나는 성경의 메시지를 내가 섬기는 사람들의 삶 속에 들여놓는 것을 내게 주어진 일차적 책임으로 받아들이고 성인 인생의 대부분을 살아왔다. 강단과 교단, 가정 성경공부와 산상수련회에서 그 일을 했고, 병원과 양로원에서 대화하면서, 주방에서 커피를 마시고 바닷가를 거닐면서 그 일을 했다. 『메시지』는 40년간의 목회 사역이라는 토양에서 자라난 열매다.

인간의 삶을 만들고 변화시키는 하나님의 말씀은, 내가 『메시지』 작업을 하는 동안 정말로 사람들의 삶을 만들고 변화시켰다. 우리 교회와 공동체라는 토양에 심겨진 말씀의 씨앗은, 싹을 틔우고 자라서 열매를 맺었다. 현재의 『메시지』를 작업할 무렵에는, 내가 수확기의 과수원을 누비며 무성한 가지에서 잘 영근 사과며 복숭아며 자두를 따고 있다는 기분이 들곤 했다. 놀랍게도 성경에는, 내가 목회하는 성도며 죄인인 사람들이 살아 낼 수 없는 말씀, 이 나라와 문화 속에서 진리로 확증되지 않는 말씀이 단 한 페이지도 없었다.

내가 처음부터 목사였던 것은 아니다. 원래 나는 교사의 길에 들어서서, 몇 년간 신학교에서 성경 원어인 히브리어와 그리스어를 가르쳤다. 남은 평생을 교수와 학자로 가르치고 집필하고 연구하며 살겠거니 생각했었다. 그러다 갑자기 직업을 바꾸어 교회 목회를 맡게 되었다.

뛰어들고 보니, 교회는 전혀 다른 세계였다. 제일 먼저 눈에 띈 차이는, 아무도 성경에 별로 관심이 없어 보인다는 점이었다. 얼마 전까지만 해도, 사람들은 내게 돈을 내면서까지 성경을 가르쳐 달라고 했는데 말이다. 내가 새로 섬기게 된 사람들 중 다수는, 사실 성경에 대해 아무것도 몰랐다. 성경을 읽은 적도 없었고, 배우려는 마음조차 없었다. 성경을 몇 년씩 읽어 온 사람들도 많았지만, 그들에게 성경은 너무 익숙해서 무미건조하고 진부한 말로 전락해 있었다. 그들은 지루함을 느낀 나머지 성경을 제쳐 둔 상태였다. 그 양쪽 사이에 있는 사람은 많지 않았다. 내가 가장 중요하게 여긴 일은, 성경 말씀을 그 사람들의 머리와 가슴 속에 들여놓아서, 성경의 메시지가 그들의 삶이 되게 하는 것이었다. 그러나 거기에 관심을 갖는 사람은 거의 없었다. 신문과 잡지, 영화와 소설이 그들 입맛에 더 맞았다.

결국 나는, 바로 그 사람들에게 성경의 메시지를 듣게—정말로 듣게—해주는 일을 내 평생의 본분으로 삼게 되었다. 그것이야말로 확실히 나를 위해 예비된 일이었다.

나는 성경의 세계와 오늘의 세계라는 두 언어 세계에 살고 있었다. 나는 언제나 그 두 세계가 같은 세계인 줄 알았다. 그러나 사람들은 그렇게 보지 않았다. 나는 어쩔 수 없이 "번역가"(당시에는 그런 표현을 쓰지 않았지만)가 되었다. 날마다 그 두 세계의 접경에 서서, 하나님이 우리를 창조하시고 구원하시고 치유하시고 복 주시고 심판하시고 다스리실 때 쓰시는 성경의 언어를, 우리가 잡담하고 이야기하고 길을 알려 주고 사업하고 노래 부르고 자녀에게 말할 때 쓰는 오늘의 언어로 옮긴 것이다.

그렇게 하는 동안, 성경의 원어—강력하고 생생한 히브리어와 그리스어—는 끊임없이 내 설교의 물밑에서 작용했다. 성경의 원어는 단어와 문장을 힘 있고 예리하게 해주고, 내가 섬기는 사람들의 상상력을 넓혀 주었다. 그래서 오늘의 언어 속에서 성경의 언어를 듣고, 성경의 언어 속에서 오늘의 언어를 들을 수 있게 해주었다.

나는 30년간 한 교회에서 그 일을 했다. 그러던 어느 날(1990년 4월 30일이었다), 한 편집자가 내게 편지를 보내 왔다. 그동안 내가 목사로서 해온 일의 연장선에서 새로운 성경 번역본을 집필해 달라는 청탁의 편지였다. 나는 수락했다. 그 후 10년은 수확기였다. 그 열매가 바로『메시지』다.

『메시지』는 읽는 성경이다. 기존의 탁월한 주석성경을 대체하기 위한 것이 아니다. 내 취지는 간단하다. (일찍이 우리 교회와 공동체에서도 그랬듯이) 성경이 충분히 읽을 수 있는 책이라는 사실을 모르는 사람들에게 성경을 읽게 해주고, 성경에 관심을 잃은 지 오래된 사람들에게 성경을 다시 읽게 해주는 것이다. 그렇다고 굳이 내용을 쉽게 하지는 않았다. 성경에는 이해하기 어려운 부분도 많이 있다. 그래서 『메시지』를 읽다 보면, 더 깊은 연구에 도움이 될 주석성경을 구하는 일이 조만간 중요하게 여겨질 것이다. 그때까지는, 일상을 살기 위해 읽으라. 읽으면서 이렇게 기도하라. "하나님, 말씀하신 대로 내게 이루어지기를 원합니다."

유진 피터슨

역대상하 | 머리말

같은 이야기라도 이야기하는 방식은 여러 가지로 달라질 수 있다. 이스라엘 왕들의 이야기는 먼저 사무엘서와 열왕기에 등장했다. 그로부터 백여 년 후, 같은 이야기를 다른 목소리, 다른 관점에서 이야기한 책이 바로 역대기다. 앞의 내용 중 얼마가 빠지고 상당한 양의 내용이 추가되었지만, 누구라도 같은 이야기임을 쉽게 알 수 있다. 그러나 과거 권위 있는 저술들(창세기부터 열왕기까지)의 시대 이래로, 이스라엘의 운명은 상당한 변화를 겪었다. 이제 하나님의 백성은 그들을 하나님의 백성이 되게 한 가치를 상실할 위험에 처해 있다. 돌이켜 보면, 그들의 역사는 강대국들의 끊임없는 침략으로 점철되어 왔다. 앗시리아와 이집트, 바빌론과 페르시아가 잇달아 출현하여 세상을 좌지우지했다. 이제도 이스라엘 백성의 운명은 외세에 저당 잡힌 상황이고, 내부적으로도 잡다한 종교 문제에 발목이 잡혀 있다. 그들은 과연 이대로 멸절되고 말 것인가?

이때 한 저자(아마 에스라일 것이다)가 팔을 걷고 나서서, 이미 익숙해진 오래된 이야기를 새로운 시각으로 다시 들려

준다. 그의 임무는 이스라엘이 하나님의 백성임을 다시금 확신하게 만들고 하나님을 향한 순종을 이끌어 내는 일이었다. 놀랍게도—당대의 정치적·문화적 조건들을 볼 때, 거의 있을 수 없는 일이었다—이 사람은 동족의 외면을 받으면서도 이스라엘의 핵심 정체성은 다윗 전통에 입각한 예배 공동체에 있다고 끈질기게 주장했다. 그는 이 일을 이제 우리가 읽게 될 이 책을 쓰는 것으로 완수했다. 그 덕분에, 이스라엘은 고대 근동의 폭력과 섹스와 종교의 잡탕 속에 섞여 사라지는 비극을 모면할 수 있었다.

이 이야기는 이름으로 시작한다. 어마어마한 이름, 이름의 목록, 몇 장씩 이어지는 개개의 이름이 등장한다. 이름 없이는 이야기를 풀어 나갈 수 없고, 이 이름들의 바다에 잠길 때 우리는 개인적이고 유일하고 인격적인 고유의 영적 차원에 눈뜨게 된다. 성경의 다른 책(창세기, 민수기, 마태복음, 누가복음)들에도 이름의 목록(족보)이 등장하지만, 이렇게까지 차고 넘치지는 않는다. 거룩한 역사는 비인격적인 힘이나 추상적인 개념으로 만들어지는 게 아니다. 그것은 이름들로 짜여 만들어진다. 저마다 독특한 개개인들로 말이다. 역대기는 종교의 탈인격화를 막아 주는 강력한 방어물이다.

역대기는 또 인간의 삶에서 바른 예배가 차지하는 핵심적 위치를 증언하는 책이다. 역대기 서술의 중추는 예배다. 예배 장소(예루살렘 성전), 예배 사역자들(제사장과 레위인들),

예배 음악(성악과 기악), 그리고 예배의 장인(匠人)이자 예배의 충실한 수호자인 다윗 왕의 역할에 대한 이야기가 이 책의 중심을 이룬다. 전 생애에 걸쳐 하나님을 찬양했던 다윗은, 죽기 얼마 전 백성의 넉넉한 마음에 감동하여 하나님께 찬양을 드린다.

다윗은 온 회중 앞에서 하나님을 찬양했다.

우리 조상 이스라엘의 하나님,
옛적부터 영원까지 찬양받으소서.
오 하나님, 위대하심과 능력,
영광과 승리와 위엄과 영화가 모두 주의 것입니다.
그렇습니다! 하늘과 땅의 모든 것, 모든 나라가 주의 것입니다!
주께서 친히 모든 것 위에 높아지셨습니다.
부귀와 영광이 주께로부터 나오며
주께서 모든 것을 다스리십니다.
그 손안의 힘과 능력으로
모든 것을 세우시고 강하게 하십니다.
오 하나님, 우리 하나님, 이제 우리가 주께 감사하며
주의 영화로운 이름을 찬송합니다(대상 29:10-13).

시간이 흘러, 다윗의 아들 솔로몬이 성전 건축을 마친 뒤에,

그는 온 회중이 보는 앞에서 무릎을 꿇은 채 하늘을 향해 두 팔을 들고 기도했다.

하나님 이스라엘의 하나님, 위로 하늘이나 아래로 땅 그 어디에도 주와 같은 신이 없습니다. 주의 종들이 주의 길을 따르며 성실하게 살아갈 때, 주께서는 그들과 맺은 언약을 확실히 지키시며 그들을 변함없이 사랑해 주십니다. 주께서는 제 아버지 다윗에게 주신 말씀, 곧 주의 약속을 지키셨습니다. 작은 것까지 모두 약속하신 대로 행하셨습니다. 그 증거가 오늘 우리 앞에 있습니다!

하나님께서 참으로 우리가 사는 곳에 오셔서 거하시겠습니까? 우주조차도 주께서 편히 숨 쉴 만큼 넓지 못한데, 제가 지은 이 성전이야 더 말할 것도 없습니다. 그러할지라도 담대히 구합니다. **하나님** 나의 하나님, 제가 드리는 중보기도와 간구에 귀를 기울여 주십시오. 지금 주 앞에 아뢰는 이 뜨겁고 진실한 기도를 들어주십시오. 주께서 주의 이름으로 존귀하게 하겠다고 약속하신 이곳, 이 성전을 밤낮으로 지켜보시고, 제가 이곳에서 드리는 기도를 들어주십시오. 또 주님의 백성 이스라엘이 이곳에서 기도할 때 그들의 말에 귀 기울여 주십시오(대하 6:13-15, 18-21).

이스라엘의 이러한 과거 이야기가 말해 주는바, 하나님의 백성인 우리의 정체성을 기르고 지키는 데 있어서 무엇보다 선행되어야 할 것은 예배다. 정치나 경제나 가정이나 예술이 아니다. 또한 예배를 준비하고 드리는 일에 있어서 그때그때의 기분이나 운에 맡겨도 좋을 만큼 사소하게 여겨도 될 것은 아무것도 없다. 예배당 건축, 예배위원 세우는 일, 예배 음악, 신학에 있어서도 그렇다.

전에는 하나님의 백성인 이스라엘의 정체성과 생존을 위협하는 요소가 외부의 적대 세력들—이집트, 가나안, 블레셋, 아말렉 같은—이라고 보았다. 그러나 정말 중요한 것이 무엇인지를 따져 묻는 이 책에 따르면, 이스라엘에게 무엇보다 중요한 것은 올바르고 충실한 예배다. 하나님의 백성은 근본적으로 정치 공동체도, 군사 공동체도, 경제 공동체도 아니다. 하나님의 백성은 예배로 모인 거룩한 회중이다. (모세에 뿌리를 둔) 다윗 전통의 예배를 잃어버리는 것은 곧 거룩한 백성의 와해를 의미한다. 주변 문화의 대중적 세속 예배에 미혹되어 거기 빠져드는 일 역시 거룩한 백성의 멸절로 이어진다.

이 책을 읽다가 이 책의 이름 목록에서 자기 이름을 발견하게 될 독자는 많지 않을 것이다. 또 여기에 묘사된 성전과 건축학적으로 유사한 예배당을 가진 지역교회 회중도 많지 않을 것이다. 레위 족속 가운데서 찬양대원과 예배위원을 모집하고 임명할 수 있는 교회들 역시 많지 않을 것이다. 그렇다면 남는 것은 무엇인가?

예배가 남는다. 그리고 이름들이 남는다. 예수 그리스도를 통해 자신을 계시하시는 하나님께서 규정하고 채우시는 바른 예배와, 하나님의 백성인 거룩한 예배 회중을 이루는 개개인의 이름들 말이다. 그동안 그리스도인들은 신앙과 실천의 제반 문제의 중심부에 해당하는 인격적 차원에서 늘 깨어 있기 위해, 또 구속받은 삶을 온전하게 살아 내는 근본 토대는 바로 예배라는 인식을 늘 새롭게 다지기 위해, 역대기를 읽고 기도해 왔다.

역대상

이스라엘의 족보: 줄기

1 1-4 아담
셋
에노스
게난
마할랄렐
야렛
에녹
므두셀라
라멕
노아
셈, 함, 야벳.

야벳의 가지

5 야벳은 고멜, 마곡, 마대, 야완, 두발, 메섹, 디라스를 낳
았다.
6 고멜은 아스그나스, 디밧, 도갈마를 낳았다.
7 야완은 엘리사, 다시스, 깃딤, 로다님을 낳았다.

함의 가지

8 함은 구스, 미스라임, 붓, 가나안을 낳았다.
9 구스는 쓰바, 하윌라, 삽다, 라아마, 삽드가를 낳았다.
라아마는 스바, 드단을 낳았다.
10 구스는 이 땅의 위대한 첫 영웅 니므롯을 낳았다.
11-12 미스라임은 루드인, 아남인, 르합인, 납두인, 바드루스
인, 가슬루인, 갑돌인의 조상이며, 블레셋 사람은 갑돌인의
후손이다.
13-16 가나안은 (맏아들) 시돈과 헷을 낳았고, 그에게서 여부
스 사람, 아모리 사람, 기르가스 사람, 히위 사람, 알가 사
람, 신 사람, 아르왓 사람, 스말 사람, 하맛 사람이 나왔다.

셈의 가지

17 셈은 엘람, 앗수르, 아르박삿, 룻, 아람, 우스, 훌, 게델,
메섹을 낳았다.
18-19 아르박삿은 셀라를 낳고, 셀라는 에벨을 낳았다. 에벨
은 두 아들을 낳았는데, 하나는 그의 시대에 땅이 나뉘어졌

다고 해서 벨렉(분열)이라 했고 그의 동생은 욕단이다.
20-23 욕단은 알모닷, 셀렙, 하살마웻, 예라, 하도람, 우살, 디
글라, 에발, 아비마엘, 스바, 오빌, 하윌라, 요밥을 낳았다.
이들은 모두 욕단의 아들이다.
24-28 세 개의 큰 가지를 요약하면 셈, 아르박삿, 셀라, 에벨,
벨렉, 르우, 스룩, 나홀, 데라, 아브람(아브라함)이다. 아브라
함은 이삭, 이스마엘을 낳았다.

아브라함 가문

29-31 아브라함의 족보는 다음 계열을 따라 퍼져 나갔다. 이
스마엘은 (맏아들) 느바욧, 게달, 앗브엘, 밉삼, 미스마, 두
마, 맛사, 하닷, 데마, 여둘, 나비스, 게드마를 낳았다. 이들
은 이스마엘의 가지다.
32-33 아브라함의 첩 그두라는 시므란, 욕산, 므단, 미디안, 이
스박, 수아를 낳았다. 그 후에 욕산은 스바, 드단을 낳았다.
또 미디안은 에바, 에벨, 하녹, 아비다, 엘다아를 낳았다. 이
들은 그두라의 가지를 이루었다.
34-37 아브라함은 이삭을 낳고, 이삭은 에서와 이스라엘(야곱)
을 낳았다. 에서는 엘리바스, 르우엘, 여우스, 얄람, 고라를 낳
았다. 엘리바스는 데만, 오말, 스보, 가담, 그나스, 딤나, 아말
렉을 낳았다. 또 르우엘은 나핫, 세라, 삼마, 밋사를 낳았다.
38-42 그 후에 세일은 로단, 소발, 시브온, 아나, 디손, 에셀,
디산을 낳았다. 로단은 호리, 호맘을 낳았다. 딤나는 로단

의 누이였다. 소발은 알랸, 마나핫, 에발, 스보, 오남을 낳았다. 시브온은 아야, 아나를 낳았다. 아나는 디손을 낳았다. 디손은 헴단, 에스반, 이드란, 그란을 낳았다. 에셀은 빌한, 사아완, 아간을 낳았다. 디산은 우스, 아란을 낳았다.

에돔 땅을 다스린 왕들

43-51 이스라엘에 왕이 있기 전에 에돔 땅을 다스린 왕들의
이름은 이러하다.
브올의 아들 벨라. 그의 성읍은 딘하바다.
벨라가 죽자, 보스라 출신 세라의 아들 요밥이 왕이 되었다.
요밥이 죽자, 데만 지방 사람 후삼이 왕이 되었다.
후삼이 죽자, 모압 땅에서 미디안을 물리친 브닷의 아들 하
닷이 왕이 되었다. 그의 성읍은 아윗이다.
하닷이 죽자, 마스레가 출신 사믈라가 왕이 되었다.
사믈라가 죽자, 강가의 르호봇 출신 사울이 왕이 되었다.
사울이 죽자, 악볼의 아들 바알하난이 왕이 되었다.
바알하난이 죽자, 하닷이 왕이 되었다. 그의 성읍은 바이고,
그의 아내는 메사합의 손녀요 마드렛의 딸 므헤다벨이다.
마지막으로 하닷이 죽었다.
51-54 그 후에 이어진 에돔의 족장은 딤나 족장, 알랴 족장,
여뎃 족장, 오홀리바마 족장, 엘라 족장, 비논 족장, 그나스
족장, 데만 족장, 밉살 족장, 막디엘 족장, 이람 족장이다.
이들은 에돔의 족장들이다.

이스라엘(야곱) 가문

2

1-2 이스라엘(야곱)의 아들들은 르우벤, 시므온, 레위,
유다, 잇사갈, 스불론, 단, 요셉, 베냐민, 납달리, 갓,
아셀이다.
3-9 유다는 에르, 오난, 셀라를 낳았다. 그들의 어머니는 가
나안 사람 밧수아다. 유다의 맏아들 에르는 **하나님** 앞에서
아주 악하여, **하나님**께서 그를 죽이셨다. 유다는 또 자기 며
느리 다말에게서 베레스, 세라를 낳았다. 유다의 아들은 이
렇게 모두 다섯이다. 베레스는 헤스론, 하물을 낳았다. 세라
는 시므리, 에단, 헤만, 갈골, 다라 이렇게 다섯 아들을 낳았
다. 갈미는 아갈을 낳았는데, 그가 거룩한 금지명령을 어겨
이스라엘이 심판을 받았다. 에단의 아들은 아사랴다. 또 헤
스론은 여라므엘, 람, 글루배를 낳았다.
10-17 람은 암미나답을 낳고, 암미나답은 유다 집안의 탁월
한 지도자 나손을 낳았다. 나손은 살마를 낳고, 살마는 보아
스를 낳았다. 보아스는 오벳을 낳고, 오벳은 이새를 낳았다.
이새의 맏아들은 엘리압이고 그 아래로 아비나답, 시므아,
느다넬, 랏대, 오셈 그리고 마지막이 다윗이다. 다윗은 일곱
째였다. 여자 형제로는 스루야, 아비가일이 있었다. 스루야
는 아비새, 요압, 아사헬 이렇게 세 아들을 낳았다. 아비가
일은 아마사의 어머니였다(아마사의 아버지는 이스마엘 사람
예델이었다).

갈렙 가문

18-24 헤스론의 아들 갈렙은 아내 아수바와 여리옷에게서 자
녀를 낳았다. 아수바의 아들들은 예셀, 소밥, 아르돈이다. 아
수바가 죽은 뒤에 갈렙은 에브랏과 결혼했고 에브랏은 훌을
낳았다. 훌은 우리를 낳고, 우리는 브살렐을 낳았다. 그리고
얼마 후에 헤스론은 길르앗의 아버지 마길의 딸과 결혼했다.
결혼할 당시 그는 예순 살이었다. 새 아내는 스굽을 낳았다.
그 후 스굽은 야일을 낳았는데, 야일은 길르앗 땅 스물세 개
의 성읍을 소유했다. 그술과 아람이 야일과 그낫의 유목 마
을들과 거기에 딸린 정착지 예순 개의 성읍을 점령했다. 이
모두가 길르앗의 아버지 마길의 것이었다. 헤스론이 죽은 뒤
에 갈렙은 아버지 헤스론의 아내 에브라다와 결혼했다. 그
후 그녀는 드고아의 아버지인 아스훌을 낳았다.

여라므엘 가문

25-26 헤스론의 맏아들 여라므엘의 아들들은 이러하다. 람이
그의 맏아들이고 그 아래로 브나, 오렌, 오셈, 아히야가 있
다. 여라므엘에게는 아다라라는 또 다른 아내가 있었는데,
그녀는 오남을 낳았다.
27 여라므엘의 맏아들 람의 아들들은 마아스, 야민, 에겔이다.
28-29 오남의 아들들은 삼매, 야다다.
삼매의 아들들은 나답, 아비술이다. 아비술의 아내는 아비
하일이며, 그녀는 아반, 몰릿을 낳았다.

30 나답은 셀렛, 압바임을 낳았다. 셀렛은 아들을 낳지 못하
고 죽었다.
31 압바임은 이시를 낳고, 이시는 세산을 낳고, 세산은 알래
를 낳았다.
32 삼매의 동생 야다는 예델, 요나단을 낳았다. 예델은 아들
을 낳지 못하고 죽었다.
33 요나단은 벨렛, 사사를 낳았다.
이것이 여라므엘 자손의 족보다.

34-41 세산은 아들이 없고 딸들만 있었다. 그러나 세산에게는 야르하라는 이집트인 종이 있었다. 세산은 딸을 야르하와 결혼시켰고 그녀는 앗대를 낳았다. 앗대는 나단을 낳고, 나단은 사밧을 낳고, 사밧은 에블랄을 낳고, 에블랄은 오벳을 낳고, 오벳은 예후를 낳고, 예후는 아사랴를 낳고, 아사랴는 헬레스를 낳고, 헬레스는 엘르아사를 낳고, 엘르아사는 시스매를 낳고, 시스매는 살룸을 낳고, 살룸은 여가먀를 낳고, 여가먀는 엘리사마를 낳았다.

42 여라므엘의 동생 갈렙이 첫아들을 낳았는데, 이름은 메사
다. 메사는 십을 낳았고, 십의 아들은 헤브론의 아버지인 마
레사다.

43-44 헤브론의 아들들은 고라, 답부아, 레겜, 세마다. 세마는
요르그암의 아버지 라함을 낳고, 레겜은 삼매를 낳았다.
45 삼매의 아들은 마온이며, 마온은 벳술의 아버지다.
46 갈렙의 첩 에바는 하란, 모사, 가세스를 낳고, 하란은 가
세스를 낳았다.
47 야대의 아들들은 레겜, 요담, 게산, 벨렛, 에바, 사압이다.
48-50 갈렙의 다른 첩 마아가는 세벨, 디르하나를 낳았다. 그
녀는 또 맛만나의 아버지 사압과, 막베나와 기브아의 아버
지 스와를 낳았다. 갈렙의 딸은 악사다. 이들은 갈렙의 가지
를 이루었다.
50-51 에브라다의 맏아들 훌의 아들들은 기럇여아림을 낳은
소발, 베들레헴을 낳은 살마, 그리고 벳가델의 아버지 하렙
이다.
52-53 기럇여아림의 아버지 소발의 가문에는 하로에, 마나핫
인구의 절반, 기럇여아림 가문들, 이델 사람, 붓 사람, 수맛
사람, 미스라 사람이 있다. 소라 사람과 에스다올 사람도 이
가문에서 나왔다.
54-55 살마의 자손은 베들레헴, 느도바 사람, 아다롯벳요압,
마나핫 사람의 절반, 소라 사람, 야베스에 살던 소베림 가
문—디랏 사람, 시므앗 사람, 수갓 사람—이다. 이들은 레
갑 가문의 조상 함맛에게서 나온 겐 사람을 이루었다.

다윗 가문

3 1-3 다윗이 헤브론에 살 때에 낳은 아들들은 이러하다.
이스르엘 사람 아히노암이 낳은 맏아들 암논
갈멜 사람 아비가일이 낳은 둘째 아들 다니엘
그술 왕 달매의 딸 마아가가 낳은 셋째 아들 압살롬
학깃이 낳은 넷째 아들 아도니야
아비달이 낳은 다섯째 아들 스바댜
다윗의 아내 에글라가 낳은 여섯째 아들 이드르암.
4-9 다윗은 헤브론에 있을 때 이 여섯 아들을 낳았다. 그는
거기서 칠 년 반 동안 왕으로 다스렸다.
이어서 다윗은 예루살렘에서 삼십삼 년 동안 왕으로 다스렸
다. 그가 예루살렘에서 낳은 아들들은 이러하다. 첫째가 시
므아고 그 아래로 소밥, 나단, 솔로몬이다. 암미엘의 딸 밧
세바가 이 네 아들의 어머니다. 그 외에도, 입할, 엘리수아,
엘리벨렛, 노가, 네벡, 야비아, 엘리사마, 엘랴다, 엘리벨렛
이렇게 아홉 아들이 더 있다. 이들 외에 이들의 누이 다말이
있다. 또 다윗의 첩들이 낳은 아들들도 있다.
10-14 그 다음 대에서 솔로몬은 르호보암을 낳고, 르호보암은
아비야를 낳고, 아비야는 아사를 낳고, 아사는 여호사밧을
낳고, 여호사밧은 요람을 낳고, 요람은 아하시야를 낳고, 아
하시야는 요아스를 낳고, 요아스는 아마샤를 낳고, 아마샤
는 아사랴를 낳고, 아사랴는 요담을 낳고, 요담은 아하스를
낳고, 아하스는 히스기야를 낳고, 히스기야는 므낫세를 낳

고, 므낫세는 아몬을 낳고, 아몬은 요시야를 낳았다.
15 요시야의 맏아들은 요하난이고 그 아래로 여호야김, 시드
기야, 마지막이 살룸이다.
16 여호야김의 아들들은 여고냐(여호야긴), 시드기야다.
17-18 여고냐가 바빌론에 포로로 있을 때 낳은 아들들은 스알
디엘, 말기람, 브다야, 세낫살, 여가먀, 호사마, 느다뱌다.
19-20 브다야는 스룹바벨과 시므이를 낳고, 스룹바벨은 므술
람과 하나냐를 낳았다. 슬로밋은 그들의 누이다. 그 외에도
하수바, 오헬, 베레갸, 하사댜, 유삽헤셋 이렇게 다섯이 더
있다.
21 하나냐의 아들들은 블라댜, 여사야다. 또한 르바야의 아
들들, 아르난의 아들들, 오바댜의 아들들, 스가냐의 아들들
도 있다.
22 스가냐는 스마야를 낳고, 스마야는 다시 핫두스, 이갈, 바
리야, 느아랴, 사밧을 낳아 모두 여섯 아들을 두었다.
23 느아랴는 엘료에내, 히스기야, 아스리감 이렇게 세 아들
을 낳았다.
24 엘료에내는 호다위야, 엘리아십, 블라야, 악굽, 요하난,
들라야, 아나니 이렇게 일곱 아들을 낳았다.

그 밖의 유다 가문

4
1-2 유다의 아들들은 베레스, 헤스론, 갈미, 훌, 소발이
다. 소발의 아들 르아야는 야핫을 낳고, 야핫은 아후

매와 라핫을 낳았다. 이들은 소라 사람의 가문을 이루었다.
3-4 에담의 아들들은 이스르엘, 이스마, 잇바스다. 그들의 누
이 이름은 하술렐보니다. 브누엘은 그돌을 낳고, 에셀은 후
사를 낳았다. 이들은 에브라다의 맏아들이요 베들레헴의 아
버지인 훌의 자손이다.
5-8 드고아의 아버지 아스훌에게는 헬라와 나아라라는 두 아
내가 있었다. 나아라는 아훗삼, 헤벨, 데므니, 하아하스다
리를 낳았다. 이들은 나아라의 자녀들이다. 헬라의 아들들
은 세렛, 소할, 에드난, 고스다. 고스는 아눕과 소베바를 낳
고, 하룸의 아들 아하헬의 가문을 낳았다.

9-10 야베스는 형제들 가운데서 가장 존경받는 사람이었다.
일찍이 그의 어머니는 "출산이 이토록 고통스럽다니! 내가
큰 고통 중에 그를 낳았다!" 하며 아이의 이름을 야베스(아,
고통!)라고 지었다. 야베스는 이스라엘의 하나님께 기도했
다. "제게 복을 주십시오. 제게 복을 주십시오! 제게 넓은
땅, 넓은 지경을 주십시오. 주께서 친히 보호하셔서, 악이
저를 해치지 못하게 해주십시오." 하나님께서는 그가 구한
대로 이루어 주셨다.

11-12 수하의 형 글룹은 므힐을 낳고, 므힐은 에스돈을 낳고,

에스돈은 벳라바, 바세아, 드힌나를 낳았는데, 드힌나는 이르
나하스(대장장이들의 성읍)를 세웠다. 이들이 레가 사람이다.
13 그나스의 아들들은 옷니엘, 스라야다.
옷니엘의 아들들은 하닷, 므오노대다.
14 므오노대는 오브라를 낳고, 스라야는 게하라심(장인들의
거주지)을 세운 요압을 낳았다.
15 여분네의 아들인 갈렙의 아들들은 이루, 엘라, 나암이다.
엘라의 아들은 그나스다.
16 여할렐렐의 아들들은 십, 시바, 디리아, 아사렐이다.
17-18 에스라의 아들들은 예델, 메렛, 에벨, 얄론이다. 메렛의
아내들 중 한 사람인 바로의 딸 비디아는 미리암, 삼매, 그
리고 에스드모아의 아버지인 이스바를 낳았다. 또 유다 지
파인 그의 다른 아내는 그돌의 아버지 예렛, 소고의 아버지
헤벨, 사노아의 아버지 여구디엘을 낳았다.
19 호디야의 아내, 곧 나함의 누이의 아들들은 가미 사람 그
일라의 아버지와 마아가 사람 에스드모아다.
20 시몬의 아들들은 암논, 린나, 벤하난, 딜론이다.
이시의 아들들은 소헷, 벤소헷이다.
21-23 유다의 아들인 셀라의 자손은 레가의 아버지 에르, 마
레사의 아버지 라아다, 벳아스베아에 살던 세마포 일꾼들
집안, 요김, 고세바 사람들, 요아스, 그리고 모압과 야수비
레헴에서 다스린 사람이다. (이 기록들은 아주 오랜 전승에서
온 것이다.) 그들은 느다임과 그데라에 살던 도공들인데, 왕

을 섬기면서 일한 주재 도공들이었다.

시므온 가문

24-25 시므온의 족보는 이러하다. 그의 아들들은 느무엘, 야
민, 야립, 세라, 사울이다. 사울은 살룸을 낳고, 살룸은 밉삼
을 낳고, 밉삼은 미스마를 낳았다.
26 미스마의 아들 함무엘은 삭굴을 낳고, 삭굴은 시므이를
낳았다.
27-33 시므이는 아들 열여섯 명과 딸 여섯 명을 두었으나, 그
의 형제들은 그만큼 자녀를 낳지 못했고 유다처럼 큰 집안
을 이루지 못했다. 그들이 살던 곳은 브엘세바, 몰라다, 하
살수알, 빌하, 에셈, 돌랏, 브두엘, 호르마, 시글락, 벳말가
봇, 하살수심, 벳비리, 사아라임으로, 다윗이 왕위에 오를
때까지 이 성읍들에서 살았다. 인근의 다른 정착지로는 에
담, 아인, 림몬, 도겐, 아산 다섯 성읍과 바알랏까지 이르는
이 성읍들 주변에 있는 모든 마을이었다. 이곳이 그들의 정
착지였다. 이 내용은 족보에 잘 기록되어 있다.
34-40 메소밥, 야믈렉, 아마시야의 아들 요사, 요엘, 예후가
있는데, 예후는 요시비야의 아들이고, 요시비야는 스라야
의 아들, 스라야는 아시엘의 아들이다. 또 엘료에내, 야아
고바, 여소하야, 아사야, 아디엘, 여시미엘, 브나야, 시사가
있는데, 시사는 시비의 아들이고, 시비는 알론의 아들, 알론
은 여다야의 아들, 여다야는 시므리의 아들, 시므리는 스마

야의 아들이다. 이들은 모두 자기 가문의 지도자들이다. 이
들은 크게 번성하고 수가 많아져서, 양 떼를 칠 목장을 찾아
골짜기 동편의 그돌(그랄)까지 가야 했다. 이들은 초목이 무
성한 목초지를 찾아냈다. 충분히 넓고 평온하고 한적한 곳
이었다.
40-43 전에는 함 사람 중 일부가 그곳에 살았다. 그러나 이 족
보에 기록된 사람들이 유다 왕 히스기야 시대에 이곳으로
와서, 함 사람을 공격하여 그들의 장막과 집들을 부수었다.
오늘 보는 것처럼, 함 사람은 하나도 살아남지 못했다. 그
들은 풍성한 목초지가 있는 것을 보고 이주하여 그곳을 차
지했다. 이들 시므온 사람 가운데 오백 명이 계속해서 세일
산지를 습격했는데, 이시의 아들들인 블라댜, 느아랴, 르바
야, 웃시엘이 그 무리를 이끌었다. 그들은 피신하여 살아남
은 아말렉 사람들을 모두 죽였다. 그리고 오늘까지 그곳에
살고 있다.

르우벤 가문

5 1-2 이스라엘의 맏아들 르우벤의 가문은 이러하다. 르
우벤은 이스라엘의 맏아들이었으나 그가 아버지의
첩과 잠자리를 같이하는 부정한 행위를 저질러서, 맏아들의
권리가 이스라엘의 아들 요셉의 아들들에게 넘어갔다. 그는
족보에서 맏아들의 자리를 잃었다. 유다가 형제들 중 가장
강하고 그의 가문에서 다윗 왕이 나왔지만, 맏아들의 권리

는 요셉에게 있었다.
3 이스라엘의 맏아들 르우벤의 아들들은 하녹, 발루, 헤스
론, 갈미다.
4-6 요엘의 자손은 이러하다. 요엘의 아들은 스마야고, 그 아
들은 곡, 그 아들은 시므이, 그 아들은 미가, 그 아들은 르아
야, 그 아들은 바알, 그 아들은 브에라다. 브에라는 르우벤
지파의 지도자였는데, 앗시리아 왕 디글랏빌레셀에게 포로
로 잡혀갔다.
7-10 브에라의 형제들은 가문별로 족보에 올랐다. 첫째는 여
이엘이고, 그 다음은 스가랴, 그 다음은 벨라인데, 벨라는
아사스의 아들이고, 아사스는 세마의 아들, 세마는 요엘의
아들이다. 요엘은 아로엘에서 느보와 바알므온에 이르는 지
역에 살았다. 그의 가문은 멀리 유프라테스 강에서부터 사
막 끝까지 걸쳐 있는 땅에 거주했다. 그들의 가축 떼가 점점
많아져서 길르앗에 차고 넘쳤기 때문이다. 사울이 다스리던
시대에 그들은 하갈 사람과 싸워 이겼고, 길르앗 동쪽 변방
에 있던 하갈 사람의 장막들을 빼앗아 거기서 살았다.

11-12 르우벤 가문의 이웃인 바산의 갓 가문은 살르가까지 이
르는 지역에 살았다. 요엘은 족장이고, 사밤은 부족장이며,
야내는 바산의 재판관이었다.
13-15 그들의 형제는 가문별로 미가엘, 므술람, 세바, 요래,

야간, 시아, 에벨 이렇게 모두 일곱이었다. 이들은 아비하일
의 자손인데, 아비하일은 후리의 아들이고, 후리는 야로아
의 아들, 야로아는 길르앗의 아들, 길르앗은 미가엘의 아들,
미가엘은 여시새의 아들, 여시새는 야도의 아들, 야도는 부
스의 아들이다. 아히가 그들의 족장이었는데, 아히는 압디
엘의 아들이고, 압디엘은 구니의 아들이다.
16 갓 가문은 주변 마을들을 포함해 사론 목초지까지 뻗어
나간 길르앗과 바산에서 살았다.
17 그들 모두 유다 왕 요담과 이스라엘 왕 여로보암이 다스
리던 시대에 공식 족보에 올랐다.

18-22 르우벤과 갓과 므낫세 반쪽 지파 가문들에는 군사훈련
을 받은 용사 44,760명이 있었는데, 신체가 건장하고 방패
와 칼과 활을 다루는 솜씨가 좋았다. 그들은 하갈 사람, 여
두르, 나비스, 노답과 싸웠다. 그들이 싸울 때 하나님께서
도우셨다. 그들이 전쟁중에 하나님께 부르짖었으므로, 하나
님께서 하갈 사람과 이들의 모든 연합군을 그들 손에 넘겨
주셨다. 그들이 하나님을 신뢰했으므로 하나님께서 그들의
기도에 응답하셨다. 그들은 하갈 사람의 가축 떼와 양 떼,
곧 낙타 50,000마리, 양 250,000마리, 나귀 2,000마리를
전리품으로 취했다. 포로 100,000명도 사로잡았다. 그 전
투는 하나님의 전투였으므로 많은 사람들이 죽었다. 이 가

문들은 포로로 잡혀갈 때까지 그 땅에서 살았다.

23-26 므낫세 반쪽 지파는 인구가 많았다. 그들은 바산에서 바알헤르몬까지, 곧 스닐(헤르몬 산)에 이르는 땅에 거주했다. 그들의 족장은 에벨, 이시, 엘리엘, 아스리엘, 예레미야, 호다위야, 야디엘이었다. 그들은 용감한 군인들로, 각 가문의 유명한 족장이었다. 그러나 그들은 조상의 하나님께 충실하지 못했다. 그들은 자신들이 도착하기 전에 하나님께서 쫓아내신 그 땅 백성의 경건치 못한 신들을 가까이했다. 그래서 이스라엘의 하나님께서는 앗시리아 왕 불(디글랏빌레셀)의 마음을 움직이셔서, 르우벤, 갓, 므낫세 반쪽 지파 가문들을 포로로 잡아가게 하셨다. 불은 그들을 할라, 하볼, 하라, 고산 강으로 이주시켰다. 그 후로 오늘까지 그들은 그곳에서 살고 있다.

레위 가문

6 1-14 레위의 아들들은 게르손, 고핫, 므라리다. 고핫의 아들들은 아므람, 이스할, 헤브론, 웃시엘이다. 아므람의 자녀는 아론, 모세, 미리암이다. 아론의 아들들은 나답, 아비후, 엘르아살, 이다말이다. 엘르아살은 비느하스를 낳고, 비느하스는 아비수아를 낳고, 아비수아는 북기를 낳고, 북기는 웃시를 낳고, 웃시는 스라히야를 낳고, 스라히

야는 므라욧을 낳고, 므라욧은 아마랴를 낳고, 아마랴는 아
히둡을 낳고, 아히둡은 사독을 낳고, 사독은 아히마아스를
낳고, 아히마아스는 아사랴를 낳고, 아사랴는 요하난을 낳
고, 요하난은 아사랴를 낳았다(그는 솔로몬이 예루살렘에 지
은 성전에서 제사장으로 섬겼다). 아사랴는 아마랴를 낳고, 아
마랴는 아히둡을 낳고, 아히둡은 사독을 낳고, 사독은 살룸
을 낳고, 살룸은 힐기야를 낳고, 힐기야는 아사랴를 낳고,
아사랴는 스라야를 낳고, 스라야는 여호사닥을 낳았다.
15 **하나님**께서 느부갓네살을 일으켜 유다와 예루살렘 백성
을 포로로 잡아가게 하실 때에 여호사닥도 붙잡혀 갔다.

16-30 레위의 아들들은 게르손, 고핫, 므라리다. 게르손의 아
들들의 이름은 립니, 시므이다. 고핫의 아들들은 아므람, 이
스할, 헤브론, 웃시엘이다. 므라리의 아들들은 말리, 무시
다. 레위의 가문은 이러하다. 게르손의 아들은 립니고, 그
아들은 야핫, 그 아들은 심마, 그 아들은 요아, 그 아들은 잇
도, 그 아들은 세라, 그 아들은 여아드래다. 고핫의 아들은
암미나답이고, 그 아들은 고라, 그 아들은 앗실, 그 아들은
엘가나, 그 아들은 에비아삽, 그 아들은 앗실, 그 아들은 다
핫, 그 아들은 우리엘, 그 아들은 웃시야, 그 아들은 사울이
다. 엘가나의 아들들은 아마새와 아히못이고, 그 아들은 엘
가나, 그 아들은 소배, 그 아들은 나핫, 그 아들은 엘리압,

그 아들은 여로함, 그 아들은 엘가나다. 사무엘의 아들들은 맏아들 요엘, 둘째 아비야다. 므라리의 아들은 말리고, 그 아들은 립니, 그 아들은 시므이, 그 아들은 웃사, 그 아들은 시므아, 그 아들은 학기야, 그 아들은 아사야다.

다윗의 예배 인도자들

31-32 다윗이 언약궤를 **하나님**의 집에 모신 뒤에 그곳에서 찬
양을 인도할 사람들을 임명했는데, 그들은 솔로몬이 예루
살렘에 **하나님**의 성전을 지을 때까지 예배 처소인 회막에서
찬양하는 일을 맡았다. 그들은 주어진 지침에 따라 직무를
수행했다.
33-38 예배를 준비하고 지도하는 일로 섬긴 사람과 그 자손은
이러하다. 고핫 사람의 집안에서 헤만이 찬양대 지휘자로 섬
겼는데, 그는 요엘의 아들이고, 요엘은 사무엘의 아들, 사무
엘은 엘가나의 아들, 엘가나는 여로함의 아들, 여로함은 엘
리엘의 아들, 엘리엘은 도아의 아들, 도아는 숩의 아들, 숩은
엘가나의 아들, 엘가나는 마핫의 아들, 마핫은 아마새의 아
들, 아마새는 엘가나의 아들, 엘가나는 요엘의 아들, 요엘은
아사랴의 아들, 아사랴는 스바냐의 아들, 스바냐는 다핫의
아들, 다핫은 앗실의 아들, 앗실은 에비아삽의 아들, 에비아
삽은 고라의 아들, 고라는 이스할의 아들, 이스할은 고핫의
아들, 고핫은 레위의 아들, 레위는 이스라엘의 아들이다.
39-43 헤만의 동료 아삽은 그의 오른편에 섰다. 아삽은 베레

갸의 아들이고, 베레갸는 시므아의 아들, 시므아는 미가엘
의 아들, 미가엘은 바아세야의 아들, 바아세야는 말기야의
아들, 말기야는 에드니의 아들, 에드니는 세라의 아들, 세라
는 아다야의 아들, 아다야는 에단의 아들, 에단은 심마의 아
들, 심마는 시므이의 아들, 시므이는 야핫의 아들, 야핫은
게르손의 아들, 게르손은 레위의 아들이다.
44-47 그의 왼편에 선 동료들, 곧 므라리의 자손 가운데 에단
이 있었다. 에단은 기시의 아들이고, 기시는 압디의 아들,
압디는 말룩의 아들, 말룩은 하사뱌의 아들, 하사뱌는 아마
시야의 아들, 아마시야는 힐기야의 아들, 힐기야는 암시의
아들, 암시는 바니의 아들, 바니는 세멜의 아들, 세멜은 말
리의 아들, 말리는 무시의 아들, 무시는 므라리의 아들, 므
라리는 레위의 아들이다.
48 나머지 레위인들은 예배 처소, 곧 하나님의 집에서 필요
한 다른 모든 일을 맡았다.

49 아론과 그의 자손은 번제단과 분향단에 제물을 바쳤고,
지성소의 모든 일을 맡았다. 그들은 하나님의 종 모세가 내
린 지침에 따라 이스라엘을 위해 속죄했다.
50-53 아론의 자손은 이러하다. 그의 아들은 엘르아살이고,
그 아들은 비느하스, 그 아들은 아비수아, 그 아들은 북기,
그 아들은 웃시, 그 아들은 스라히야, 그 아들은 므라욧, 그

아들은 아마랴, 그 아들은 아히둡, 그 아들은 사독, 그 아들은 아히마아스다.

제사장의 성읍들

54-81 제사장 가문에 분배된 거주지는 이러하다. 고핫 가문의 아론 자손이 첫 번째로 제비를 뽑았다. 그들은 유다 땅 헤브론과 그 주변의 모든 목초지를 받았다. 여분네의 아들 갈렙은 그 성읍 주변의 들판과 마을들을 얻었다. 아론 자손은 또 헤브론, 립나, 얏딜, 에스드모아, 힐렌, 드빌, 아산, 벳세메스 등의 도피성과 그 주변의 목초지를 받았다. 그리고 베냐민 지파에게서 게바, 알레멧, 아나돗과 그 주변의 목초지를 받았다. 그 고핫 가문에게는 모두 열세 개의 성읍이 분배되었다. 나머지 고핫 자손은 므낫세 반쪽 지파의 땅에서 열 개의 성읍을 제비 뽑아 나누어 받았다. 게르손 자손은 잇사갈, 아셀, 납달리, 바산에 있는 므낫세 지파의 땅에서 가문별로 열세 개의 성읍을 받았다. 므라리 자손에게는 르우벤, 갓, 스불론 지파의 땅에서 제비를 뽑아 가문별로 열두 개 성읍이 분배되었다. 이스라엘 자손은 레위 지파에게 그 성읍들과 그 주변 목초지를 함께 주었다. 그들은 유다, 시므온, 베냐민 지파의 땅에 있는 성읍들도 제비를 뽑아 분배했다. 일부 고핫 가문들은 에브라임 지파의 땅에 있는 성읍들을 받았는데, 곧 에브라임 산지의 세겜, 게셀, 욕므암, 벳호론, 아얄론, 가드림몬 등의 도피성과 거기에 딸린 목초지였다. 나

머지 고핫 자손은 므낫세 반쪽 지파의 땅에서 아넬과 빌르암을 받았고 거기에 딸린 목초지도 함께 받았다. 게르손 자손은 므낫세 반쪽 지파의 땅에서 바산의 골란과 아스다롯을, 잇사갈 지파의 땅에서 게데스와 다브랏과 라못과 아넴을, 아셀 지파의 땅에서 마살과 압돈과 후곡과 르홉을, 납달리 지파의 땅에서 갈릴리의 게데스와 함몬과 기랴다임을 받았다. 나머지 므라리 자손은 스불론 지파의 땅에서 림모노와 다볼을, 요단 강 동쪽 르우벤 지파의 땅에서 사막의 베셀과 야사와 그데못과 메바앗을, 갓 지파의 땅에서 길르앗의 라못과 마하나임과 헤스본과 야셀을 받았다. 이 모든 성읍에는 목초지가 딸려 있었다.

잇사갈 가문

7 1-5 잇사갈의 아들들은 돌라, 부아, 야숩, 시므론 이렇게 넷이었다. 돌라의 아들들은 웃시, 르바야, 여리엘, 야매, 입삼, 스므엘로, 각자 자기 가문의 족장이었다. 다윗이 통치하던 시대에 돌라 집안은 그 혈통의 용사가 22,600명이었다. 웃시의 아들은 이스라히야고, 이스라히야의 아들들은 미가엘, 오바댜, 요엘, 잇시야인데, 이 다섯 자손이 모두 족장이었다. 그들은 다른 형제들보다 아내와 아들들이 더 많았으므로 그 혈통의 용사가 36,000명이었다. 잇사갈의 가문에서 87,000명의 용사가 나왔으며, 그들 모두가 족보에 올랐다.

베냐민 가문

6-12 베냐민은 벨라, 베겔, 여디아엘 이렇게 세 아들을 두었
다. 벨라는 에스본, 우시, 웃시엘, 여리못, 이리까지 다섯 아
들을 두었는데, 이들은 모두 용사들로 각 가문의 족장이었
다. 그들의 족보에 이름이 오른 사람은 22,034명이었다. 베
겔의 아들들은 스미라, 요아스, 엘리에셀, 엘료에내, 오므
리, 여레못, 아비야, 아나돗, 알레멧이다. 이 족장들을 통해
서 20,200명의 용사가 족보에 올랐다. 여디아엘의 아들은
빌한이고, 빌한의 아들들은 여우스, 베냐민, 에훗, 그나아
나, 세단, 다시스, 아히사할이다. 이들은 모두 여디아엘의
자손으로 각 가문의 족장이었다. 전쟁에 나갈 준비가 된 용
사는 17,200명이었다. 숩빔과 훕빔은 일의 아들이고, 후심
은 아헬 가문 출신이다.

납달리 가문

13 납달리의 아들들은 야시엘, 구니, 예셀, 살룸이다. 이들
은 할아버지의 첩 빌하 쪽으로 모계 족보에 올랐다.

므낫세 가문

14-19 므낫세의 아들들은 아람 사람인 첩에게서 낳은 아스리
엘과, 길르앗의 아버지 마길이다. 마길은 훕빔과 숩빔의 누
이인 마아가를 아내로 맞았다. 므낫세의 또 다른 아들의 이
름은 슬로브핫인데, 그에게는 딸들밖에 없었다. 마길의 아

내 마아가는 아들을 낳고 그의 이름을 베레스라고 지었다. 그의 동생 이름은 세레스고, 세레스의 아들들은 울람과 라겜이다. 울람의 아들은 브단이다. 이들은 길르앗의 자손인데, 길르앗은 마길의 아들이고, 마길은 므낫세의 아들이다. 그의 누이 함몰레겟은 이스홋, 아비에셀, 말라를 낳았다. 스미다의 아들들은 아히안, 세겜, 릭히, 아니암이다.

에브라임 가문

20-24 에브라임의 아들은 수델라고, 그 아들은 베렛, 그 아들은 다핫, 그 아들은 엘르아다, 그 아들은 다핫, 그 아들은 사밧, 그 아들은 수델라, 그리고 가드 원주민의 습격으로 죽은 소도둑 에셀과 엘르앗이다. 그들의 아버지 에브라임이 오랫동안 슬퍼했으므로 가족들이 와서 그를 위로했다. 그 후에 그가 다시 아내와 잠자리를 같이하자, 그녀가 임신하여 아들을 낳았다. 그는 집안에 닥쳤던 불운을 생각하여 아이 이름을 브리아(불운)라고 지었다. 그의 딸은 세에라다. 그녀는 아랫 벳호론과 윗 벳호론, 우센세에라를 세웠다.

25-29 에브라임의 아들들은 레바, 레셉이다. 레셉의 아들은 델라고, 그 아들은 다한, 그 아들은 라단, 그 아들은 암미훗, 그 아들은 엘리사마, 그 아들은 눈, 그 아들은 여호수아다. 그들은 베델과 그 주변의 땅, 곧 동쪽으로 나아란에서 서쪽으로 게셀과 그 주변 마을들까지와 세겜과 그 주변 마을들에 거주했고, 아야와 그 주변 마을들까지 관할했다. 므낫세

와의 경계를 따라 벳산, 다아낙, 므깃도, 돌이 주변 마을들
과 함께 뻗어 있었다. 이스라엘의 아들 요셉의 가문은 이 모
든 곳에 흩어져 살았다.

아셀 가문

30-32 아셀의 아들들은 임나, 이스와, 이스위, 브리아고, 그들
의 누이는 세라다. 브리아의 아들들은 헤벨과 말기엘이고,
말기엘은 비르사잇을 낳았다. 헤벨은 야블렛, 소멜, 호담,
그리고 그들의 누이 수아를 낳았다.
33-40 야블렛은 바삭, 빔할, 아스왓을 낳았다. 야블렛의 동생
소멜은 로가, 호바, 아람을 낳았다. 소멜의 동생 헬렘은 소
바, 임나, 셀레스, 아말을 낳았다. 소바는 수아, 하르네벨,
수알, 베리, 이므라, 베셀, 홋, 사마, 실사, 이드란, 브에라
를 낳았다. 예델은 여분네, 비스바, 아라를 낳았다. 울라는
아라, 한니엘, 리시아를 낳았다. 이들은 아셀 자손으로, 모
두 책임감 있고 성품이 뛰어났으며 전쟁에 용감한 자요 훌
륭한 지도자들이었다. 전쟁에 나갈 준비가 된 사람 26,000
명이 족보에 올랐다.

베냐민 가문

8 1-5 베냐민의 맏아들은 벨라고, 그 아래로 아스벨, 아
하라, 노하, 라바 이렇게 모두 다섯 아들을 두었다.
벨라의 아들들은 앗달, 게라, 아비훗, 아비수아, 나아만, 아

호아, 게라, 스부반, 후람이다.
6-7 게바에 살다가 마나핫으로 잡혀간 에훗 가문은 나아만,
아히야, 게라인데, 이들이 잡혀갈 때 게라가 인도했다. 게라
는 웃사, 아히훗을 낳았다.
8-12 사하라임은 모압 땅에서 두 아내 후심, 바아라를 내보낸
뒤에 자녀를 낳았다. 그는 새 아내 호데스에게서 요밥, 시비
야, 메사, 말감, 여우스, 사갸, 미르마를 낳았다. 이들은 족
장이 되었다. 이전 아내 후심에게서는 아비둡, 엘바알을 낳
았다. 엘바알의 아들들은 에벨, 미삼, 세멧인데, 세멧은 오
노와 롯과 거기에 딸린 모든 마을을 세웠다.
13-28 브리아와 세마는 아얄론에 살던 가문의 족장이었다. 그
들은 가드 주민을 쫓아냈다. 그들의 형제는 사삭, 여레못이
다. 브리아의 아들들은 스바댜, 아랏, 에델, 미가엘, 이스
바, 요하다. 엘바알의 아들들은 스바댜, 므술람, 히스기, 헤
벨, 이스므래, 이슬리아, 요밥이다. 시므이의 아들들은 야
김, 시그리, 삽디, 엘리에내, 실르대, 엘리엘, 아다야, 브라
야, 시므랏이다. 사삭의 아들들은 이스반, 에벨, 엘리엘, 압
돈, 시그리, 하난, 하나냐, 엘람, 안도디야, 이브드야, 브누
엘이다. 여로함의 아들들은 삼스래, 스하랴, 아달랴, 야아
레시야, 엘리야, 시그리다. 이들은 각 가문의 족장이 되었고
족보에 올랐다. 이들은 예루살렘에서 살았다.
29-32 기브온의 아버지 여이엘은 기브온에서 살았다. 그의 아
내 이름은 마아가다. 그의 맏아들은 압돈이고 그 아래로 술,

기스, 바알, 나답, 그돌, 아히오, 세겔, 미글롯이 있다. 미글
롯은 시므아를 낳았다. 이들은 예루살렘에서 친족과 한동네
에 살았다.
33-40 넬은 기스를 낳고, 기스는 사울을 낳고, 사울은 요나단
과 말기수아와 아비나답과 에스바알을 낳았다. 요나단은 므
립바알을 낳고, 므립바알은 미가를 낳았다. 미가의 아들들
은 비돈, 멜렉, 다레아, 아하스다. 아하스는 여호앗다를 낳
고, 여호앗다는 알레멧, 아스마웻, 시므리를 낳았다. 시므리
는 모사를 낳고, 모사는 비느아를 낳았다. 비느아의 아들은
라바고, 그 아들은 엘르아사, 그 아들은 아셀이다. 아셀은
여섯 아들을 두었는데, 그들의 이름은 아스리감, 보그루, 이
스마엘, 스아랴, 오바댜, 하난이다. 그의 동생 에섹은, 맏아
들 울람과 그 아래로 여우스와 엘리벨렛을 두었다. 울람의
아들들은 활을 잘 쏘는 자로 알려진 용사들이었다. 그들은
아들과 손자들을 아주 많이 두어 적어도 150명은 되었다.
그들 모두 베냐민의 족보에 올랐다.

9 1 이것은 이스라엘 전체의 완성된 족보로, 그들이 불
신앙과 불순종으로 바빌론에 포로로 잡혀간 때에 '이
스라엘과 유다 왕 연대기'에 기록되었다.

포로 공동체의 귀환

2 포로로 살다가 자신들의 고향과 성읍으로 처음 귀환한 이
스라엘 사람은 제사장과 레위인과 성전 봉사자들이었다.
3-6 유다, 베냐민, 에브라임, 므낫세 가문에서 예루살렘으로
돌아온 사람은 이러하다. 유다의 아들 베레스의 자손 중에
우대라는 사람이 있었는데, 그는 암미훗의 아들이고, 암미
훗은 오므리의 아들, 오므리는 이므리의 아들, 이므리는 바
니의 아들이다. 실로 사람들 중에는 맏아들 아사야와 그의
아들들, 세라 가문에서는 여우엘이 돌아왔다. 유다 가문에
서 모두 690명이 돌아왔다.
7-9 베냐민 가문에서는 살루, 이브느야, 엘라, 므술람이 돌아
왔다. 살루는 므술람의 아들이고, 므술람은 호다위아의 아
들, 호다위아는 핫스누아의 아들이다. 이브느야는 여로함의
아들이다. 엘라는 웃시의 아들이고, 웃시는 미그리의 아들
이다. 므술람은 스바댜의 아들이고, 스바댜는 르우엘의 아
들, 르우엘은 이브니야의 아들이다. 베냐민 가문에서 모두
956명이 돌아왔다. 이들은 모두 각 가문의 족장이다.
10-13 제사장 가운데서는 여다야, 여호야립, 야긴, 하나님의
성전 관리를 맡은 아사랴, 아다야, 마아새가 돌아왔다. 아사
랴는 힐기야의 아들이고, 힐기야는 므술람의 아들, 므술람
은 사독의 아들, 사독은 므라욧의 아들, 므라욧은 아히둡의
아들이다. 아다야는 여로함의 아들이고, 여로함은 바스훌의
아들, 바스훌은 말기야의 아들이다. 마아새는 아디엘의 아

들이고, 아디엘은 야세라의 아들, 야세라는 므술람의 아들, 므술람은 므실레밋의 아들, 므실레밋은 임멜의 아들이다. 제사장들은 모두 족장으로 1,760명이었으며, 하나님을 예배하는 일에 능숙하고 노련한 종들이었다.

14-16 레위인 가운데서는 스마야, 박박갈과 헤레스와 갈랄, 맛다냐, 오바댜, 그리고 느도바 사람의 마을에 살던 베레갸가 돌아왔다. 므라리 자손인 스마야는 핫숩의 아들이고, 핫숩은 아스리감의 아들, 아스리감은 하사뱌의 아들이다. 맛디냐는 미가의 아들이고, 미가는 시그리의 아들, 시그리는 아삽의 아들이다. 오바댜는 스마야의 아들이고, 스마야는 갈랄의 아들, 갈랄은 여두둔의 아들이다. 베레갸는 아사의 아들이고, 아사는 엘가나의 아들이다.

17-18 문지기는 살룸, 악굽, 달몬, 아히만과 그들의 형제들이었다. 그 우두머리는 살룸인데, 그때까지 동쪽에 있는 왕의 문의 문지기였다. 그들은 레위 가문의 진에서도 문지기로 일했다.

19-25 살룸은 고라 가문에 속한 형제들과 함께 성막 문지기로 예배를 섬겼는데, 그는 고레의 아들이고, 고레는 에비아삽의 아들, 에비아삽은 고라의 아들이다. 그들의 조상도 하나님의 진 입구를 지키는 사람들이었다. 예전에는 엘르아살의 아들 비느하스가 문지기들을 책임졌는데, 하나님께서 그와 함께하셨다! 이후 므셀레먀의 아들 스가랴가 회막 입구에서 문지기를 맡았다. 문지기로 뽑힌 사람의 수는 212명

으로, 그들 모두 각자가 속한 진에 정식으로 등록되었다. 다윗과 선견자 사무엘이 그들을 직접 뽑아 이 일을 맡겼다. 그들과 그들 자손은 하나님의 성전, 곧 예배 처소의 문을 지키는 책임을 영구히 맡았다. 동서남북 네 입구에 기간 문지기들이 배치되었고, 각 마을에 있는 그들의 형제들이 매주 그들과 교대하도록 되어 있었다. 네 명의 기간 문지기들이 책임지고 밤낮으로 순찰을 돌았다.

26-32 레위인인 그들은 하나님의 성전에 있는 모든 비품과 귀중품의 안전을 책임졌다. 그들은 밤새도록 근무를 섰고, 열쇠를 맡아 가지고 있으면서 아침마다 문을 열었다. 그들 중 몇 사람은 성전 예배에 쓰는 기구를 맡아, 그것을 들이거나 내올 때에 그 수를 세었다. 다른 몇 사람은 밀가루, 포도주, 기름, 향, 향료 등 성소 안의 물자를 맡았다. 제사장 가운데서 몇 사람은 기름을 섞어 향유를 만드는 일을 맡았다. 고라 자손 살룸의 맏아들인 맛디댜는 예배에 쓸 빵을 굽는 책임을 맡았다. 고핫 자손의 몇몇 형제는 안식일마다 상에 차릴 빵을 준비하는 일을 맡았다.

33-34 그리고 음악을 맡은 사람들이 있었는데, 모두 레위 지파의 족장들이었다. 성전 안에 그들의 숙소가 있었고, 밤낮으로 근무했으므로 다른 일은 면제되었다. 그들은 족보에 기록된 레위인 족장들이었다. 그들은 예루살렘에서 살았다.

35-38 기브온의 아버지 여이엘은 기브온에 살았고, 그의 아내

는 마아가다. 그의 맏아들은 압돈이고 그 아래로 술, 기스, 바알, 넬, 나답, 그돌, 아히오, 스가랴, 미글롯이 있다. 미글롯은 시므암을 낳았다. 이들은 예루살렘에서 친족과 한동네에 살았다.
39-44 넬은 기스를 낳고, 기스는 사울을 낳고, 사울은 요나단
과 말기수아와 아비나답과 에스바알을 낳았다. 요나단의 아들은 므립바알이고, 므립바알은 미가를 낳았다. 미가의 아들들은 비돈, 멜렉, 다레아다. 아하스는 야라를 낳고, 야라는 알레멧과 아스마웻과 시므리를 낳았다. 시므리는 모사를 낳고, 모사는 비느아를 낳았다. 비느아의 아들은 르바야고, 그 아들은 엘르아사, 그 아들은 아셀이다. 아셀은 여섯 아들을 두었다. 아스리감, 보그루, 이스마엘, 스아랴, 오바댜, 하난이 아셀의 아들들이다.

사울 왕의 죽음

10
1-5 블레셋 사람이 이스라엘과 전쟁을 벌였다. 이
스라엘 사람이 필사적으로 도망치다가, 길보아 산에서 살육당하여 쓰러졌다. 블레셋 사람은 사울과 그의 아들들에게 집중하여, 요나단과 그의 형제 아비나답과 말기수아를 죽였다. 전투는 사울을 궁지로 몰아갔다. 활 쏘는 자들이 그를 찾아내어 그에게 중상을 입혔다. 사울은 자신의 무기를 드는 자에게 말했다. "저 이교도들이 와서 내 몸을 조롱하기 전에, 네 칼을 뽑아서 나를 죽여라." 그러나 사울

의 무기를 드는 자는 몹시 두려운 나머지 찌르려고 하지 않았다. 그러자 사울은 자신의 칼을 뽑아 스스로 목숨을 끊었다. 사울이 죽자, 그의 무기를 드는 자도 공포에 질려 스스로 목숨을 끊었다.

6-7 이렇게 사울과 그의 세 아들이 모두 한날에 죽었다. 골짜기에 있던 온 이스라엘 사람은, 군사들이 도망친 것과 사울과 그의 아들들이 죽은 것을 보고 성읍들을 버리고 도망쳤다. 블레셋 사람이 들어와 그곳들을 차지했다.

8-10 이튿날, 블레셋 사람이 죽은 자들을 약탈하러 왔다가 길보아 산에 쓰러져 있는 사울과 그의 세 아들의 시신을 보았다. 그들은 사울의 머리를 베고 갑옷을 벗겨서 블레셋 전역에 전시하고, 그들이 섬기는 우상과 백성에게 승리의 소식을 알렸다. 그러고 나서 사울의 갑옷을 그들의 신전에 전시하고 그의 머리는 다곤 신전 안에 전리품으로 두었다.

11-12 야베스 길르앗 사람들은 블레셋 사람이 사울에게 한 일을 전해 들었다. 용사들이 모두 나서서 사울과 그의 아들들의 주검을 되찾아 야베스로 가져왔다. 그들은 예를 갖추어 야베스에 있는 상수리나무 아래 사울과 그 아들들을 묻고 칠 일 동안 애도했다.

13-14 사울이 죽은 것은 **하나님**께 불순종했기 때문이었다. 그는 **하나님**의 말씀에 순종하지 않았다. 기도하기보다는 무당을 찾아가 앞으로 있을 일을 알고자 점을 쳤다. 그가 **하나님**께 나아가 도움을 구하지 않았기 때문에, **하나님**께서는 그

를 죽이시고 이새의 아들 다윗에게 나라를 넘겨주셨다.

다윗이 온 이스라엘의 왕이 되다

11

1-3 그 후에 온 이스라엘이 헤브론의 다윗 앞에
모여서 말했다. "보십시오. 우리는 왕의 혈육입
니다! 과거에 사울이 왕이었을 때도, 왕께서 이스라엘의 참
지도자였습니다. **하나님**께서는 왕에게 '너는 내 백성 이스
라엘의 목자가 되고 내 백성 이스라엘의 통치자가 될 것이
다' 하고 말씀하셨습니다." 이스라엘의 모든 장로가 헤브론
으로 왕을 찾아오자, 다윗은 헤브론에서 **하나님** 앞에 나아
가 그들과 언약을 맺었다. 이어서 그들은 **하나님**께서 사무
엘을 통해 명령하신 대로, 다윗에게 기름을 부어 이스라엘
의 왕으로 삼았다.
4-6 다윗과 온 이스라엘이 예루살렘(여부스 사람이 살던 옛 여
부스)으로 갔다. 여부스 주민이 다윗에게 "너는 여기 들어올
수 없다" 하고 말했다. 그러나 다윗은 그 성을 쳐서 시온 성
채, 곧 다윗 성을 점령했다. 다윗은 "가장 먼저 여부스 사람
을 죽이는 자가 군사령관이 될 것이다" 하고 말했는데, 스루
야의 아들 요압이 맨 처음으로 그들을 죽여서 사령관이 되
었다.
7-9 다윗이 그 요새 성읍에 거주했으므로, 그곳을 '다윗 성'이
라고 불렀다. 다윗은 바깥 성채(밀로)와 외벽을 쌓아 그 성
을 요새화했다. 요압은 성문을 재건했다. 다윗의 걸음은 더

커지고 그의 품은 더 넓어졌다. 참으로 만군의 하나님께서 그와 함께 계셨다!

다윗의 용사들

10-11 다윗이 거느린 용사들의 우두머리는 이러하다. 이들
은 다윗이 왕위에 오를 때 그와 손을 맞잡고, 온 이스라엘과
더불어 **하나님**께서 이스라엘에 대해 말씀하신 대로, 그가
왕이 되도록 도왔다. 다윗이 거느린 용사들의 이름은 이러
하다.
학모니의 아들 야소브암은 삼십 인의 우두머리였다. 그는
혼자서 삼백 명을 죽였는데, 단 한 번의 접전으로 그들을 모
두 죽였다.
12-14 다음은 아호아 사람 도도의 아들 엘르아살로, 최고 세
용사 가운데 하나였다. 그가 다윗과 함께 바스담밈에 있을
때, 블레셋 사람이 싸우려고 그곳에 군대를 소집했다. 그
부근에 보리밭이 있었는데, 처음에 블레셋 사람을 피하여
도망치던 이스라엘 군대가 그 보리밭에 버티고 서자 전세
는 역전되었다! **하나님**의 도우심으로 그들은 블레셋 사람
을 쳐죽였다. 큰 승리를 거두었다.
15-19 블레셋 사람의 부대가 르바임 골짜기에 진 치고 있는 동
안, 삼십 인 중 최고 세 용사가 바윗길을 내려가 아둘람 굴에
있는 다윗에게로 갔다. 그때에 다윗은 굴 속에 숨어 있었고,
블레셋 사람은 베들레헴에서 전투 준비를 하고 있었다. 다

윗이 갑자기 목이 말랐다. "베들레헴 성문 곁에 있는 우물물
을 마실 수만 있다면, 무엇을 주어도 아깝지 않으련만!" 그러
자 세 용사가 블레셋 진을 뚫고 들어가, 베들레헴 성문 곁에
있는 우물물을 길어 어깨에 메고 다윗에게 가져왔다. 그러나
다윗은 그 물을 마시지 않았다! 그는 그것을 **하나님**께 거룩
한 제물로 부어 드리며 말했다. "이 물을 마시느니 차라리 하
나님의 저주를 받겠습니다! 이것은 저들이 목숨을 걸고 가져
온 것이니, 이 물을 마시는 것은 저들의 생명의 피를 마시는
것과 같습니다." 그는 끝내 물을 마시지 않았다. 용사들 중에
최고 세 용사가 바로 이러한 일을 했다.
20-21 요압의 동생 아비새는 삼십 인의 우두머리였다. 그는
혼자서 삼백 명과 싸워 그들을 죽였지만, 세 용사에는 들지
못했다. 그는 삼십 인에게 크게 존경을 받아 그들의 우두머
리가 되었지만, 세 용사에는 미치지 못했다.
22-25 여호야다의 아들 브나야는 갑스엘 출신의 용사로 많은
공을 세워 명예를 얻었다. 그는 유명한 모압 사람 두 명을
죽였고, 눈 오는 날 구덩이에 내려가 사자를 죽였으며, 키가
2미터 30센티미터나 되는 이집트 사람을 죽였다. 그 이집
트 사람은 배의 활대 같은 창을 가지고 있었으나, 브나야가
막대기 하나로 그를 쳐서 손에서 창을 빼앗고 그 창으로 그
를 죽였다. 이것이 여호야다의 아들 브나야가 한 일이다. 그
러나 그는 세 용사에는 들지 못했다. 삼십 인 사이에서 크게
존경을 받았지만, 세 용사에는 미치지 못했다. 다윗은 그에

게 자신의 개인 경호 책임을 맡겼다.
26-47 군대의 용사들은 이러하다. 요압의 동생 아사헬, 베들레헴 사람 도도의 아들 엘하난, 하롤 사람 삼못, 블론 사람 헬레스, 드고아 사람 익게스의 아들 이라, 아나돗 사람 아비에셀, 후사 사람 십브개, 아호아 사람 일래, 느도바 사람 마하래, 느도바 사람 바아나의 아들 헬렛, 베냐민 자손으로 기브아 사람 리배의 아들 이대, 비라돈 사람 브나야, 가아스 골짜기에 사는 후래, 아르바 사람 아비엘, 바하룸 사람 아스마웻, 사알본 사람 엘리아바, 기손 사람 하셈의 아들들, 하랄 사람 사게의 아들 요나단, 하란 사람 사갈의 아들 아히암, 울의 아들 엘리발, 므게랏 사람 헤벨, 블론 사람 아히야, 갈멜 사람 헤스로, 에스배의 아들 나아래, 나단의 동생 요엘, 하그리의 아들 밉할, 암몬 사람 셀렉, 스루야의 아들 요압의 무기를 드는 자 브에롯 사람 나하래, 이델 사람 이라, 이델 사람 가렙, 헷 사람 우리아, 알래의 아들 사밧, 르우벤 자손 시사의 아들로 삼십 인의 르우벤 자손 우두머리인 아디나, 마아가의 아들 하난, 미텐 사람 요사밧, 아스드랏 사람 웃시야, 아로엘 사람 호담의 아들들 사마와 여이엘, 시므리의 아들 여디아엘, 그의 동생 디스 사람 요하, 마하위 사람 엘리엘, 엘나암의 아들들 여리배와 요사위야, 모압 사람 이드마, 엘리엘, 오벳, 므소바 사람 야아시엘이다.

12 1-2 다윗이 기스의 아들 사울에게 쫓겨 다닐 때
에, 시글락에서 다윗에게 합류한 사람들이 있었
다. 그들은 용사, 곧 훌륭한 군인들이었다. 활로 무장한 그
들은 양손으로 물맷돌을 던질 줄 알았고 화살을 잘 쏘았다.
그들은 사울이 속한 베냐민 지파 사람들이었다.
3-7 첫째는 아히에셀이고, 그 아래로 기브아 사람 스마아의
아들 요아스, 아스마웻의 아들들 여시엘과 벨렛과 브라가,
아나돗 사람 예후, 삼십 인 중에 하나요 삼십 인의 지도자인
기브온 사람 이스마야, 예레미야, 야하시엘, 요하난, 그데
라 사람 요사밧, 엘루새, 여리못, 브아랴, 스마랴, 하룹 사람
스바댜, 엘가나, 잇시야, 아사렐, 요에셀, 야소브암, 고핫
사람들, 그돌 사람 여로함의 아들들인 요엘라와 스바댜다.
8-15 갓 사람들 가운데 다윗을 찾아 광야의 요새로 탈주해 온
사람들이 있었다. 그들은 방패와 창을 다룰 줄 아는 노련하
고 열정적인 용사였다. 그들의 모습은 사자처럼 사나웠고,
산을 가로질러 달리는 영양처럼 민첩했다. 첫째는 에셀이
고, 그 아래로 오바댜, 엘리압, 미스만나, 예레미야, 앗대,
엘리엘, 요하난, 엘사밧, 예레미야, 막반내 이렇게 모두 열
한 명이다. 이들 갓 사람들은 그야말로 군계일학이었다. 각
사람이 백 명의 몫을 했고, 그들 중 최고는 천 명의 몫을 했
다. 그들은 물이 범람하는 첫째 달에 요단 강을 건너, 저지
대에 사는 사람들을 동서로 피하게 했다.
16-17 또 광야의 요새로 다윗을 찾아와 합류한 베냐민 지파와

유다 지파 사람들도 있었다. 다윗은 그들을 맞으러 나가 이
렇게 말했다. "여러분이 나를 돕고자 평화로이 왔다면 얼마
든지 이 무리와 함께해도 좋습니다. 그러나 무죄한 나를 적
에게 팔아넘기려 왔다면, 우리 조상의 하나님께서 꿰뚫어
보시고 여러분에게 심판을 내리실 것입니다."
18 바로 그때, 삼십 인의 우두머리인 아마새가 하나님의 영
에 감동을 받아 말했다.

다윗이여, 우리는 당신 편입니다.
이새의 아들이여, 우리를 당신께 맡깁니다.
당신은 평안할 것입니다. 참으로 평안할 것입니다.
누구든 당신을 돕는 자마다 모두 평안할 것입니다.
당신의 하나님께서 당신을 도우셨고 지금도 도우시기 때문입니다.

그래서 다윗은 그들을 받아들여 습격대 우두머리들 밑으로
배치했다.
19 다윗이 블레셋 사람과 함께 출정하여 사울과 전쟁하려 할
때에, 일부 므낫세 지파 사람들도 탈주하여 다윗에게 왔다.
실제로 그들은 싸우지 못했는데, 블레셋의 지도자들이 의논
끝에 "우리 목숨을 저들에게 맡길 수 없다. 저들은 원래 주
인인 사울에게 우리를 팔아넘길 것이다" 하며 그들을 돌려
보냈기 때문이다.

20-22 시글락의 다윗에게로 탈주해 온 므낫세 지파 사람들은 아드나, 요사밧, 여디아엘, 미가엘, 요사밧, 엘리후, 실르대다. 이들은 모두 므낫세 가문의 지도자들이었다. 그들은 다윗을 도와 사막의 도적떼를 급습했다. 그들 모두 건장한 용사들이요 다윗의 습격대를 훌륭하게 이끌었다. 사람들이 날마다 돕겠다고 찾아와서, 다윗의 무리는 금세 하나님의 군대와 같이 크게 되었다!

23-37 **하나님**의 말씀대로 사울의 나라를 넘기려고 북쪽에서 헤브론에 있는 다윗을 찾아온 노련한 용사들의 수는 이러하다. 유다에서는 방패와 창으로 무장한 자 6,800명, 시므온에서는 건장한 용사 7,100명, 레위에서는 3,700명을 거느리고 온 아론 가문의 지도자 여호야다와 가문의 지도자 22명과 함께 온 젊고 건장한 사독을 포함해 4,600명, 베냐민 곧 사울의 집안에서는 그때까지 사울을 지키던 이들 3,000명이 왔다. 에브라임에서는 용맹한 용사이자 고향에서 유명세를 떨치던 20,800명, 므낫세 반쪽 지파에서는 다윗을 왕으로 추대하기 위해 선출된 자 18,000명, 잇사갈에서는 시대와 이스라엘의 본분을 아는 지도자 200명과 그들의 가문 사람들, 스불론에서는 충성심이 강하고 잘 무장된 베테랑 용사 50,000명, 납달리에서는 중무장한 37,000명과 그들을 인솔한 지휘관 1,000명, 단에서는 전투 준비를 마친

자 28,600명, 아셀에서는 전투 준비를 마친 베테랑 군사 40,000명, 요단 동쪽에서는 중무장한 르우벤과 갓과 므낫세 반쪽 지파 사람 120,000명이 왔다.

38-40 이 모든 군사들이 싸울 준비를 갖추고 헤브론으로 다윗을 찾아왔다. 그들은 다윗을 온 이스라엘의 왕으로 삼기로 뜻을 굳혔고, 모두가 한마음이 되어 있었다. 이스라엘의 다른 모든 사람들도 같은 마음이었다. "다윗을 왕으로 삼자!" 그들은 사흘 동안 다윗과 함께 있으면서 각자의 가문에서 준비한 음식과 마실 것으로 풍성한 잔치를 벌였다. 멀리 북쪽의 잇사갈, 스불론, 납달리에서도 나귀와 낙타와 노새와 소에 잔치 음식을 싣고 사람들이 도착했다. 그들이 밀가루, 무화과빵, 건포도빵, 포도주, 기름, 소, 양을 가져오니, 이스라엘에 기쁨이 넘쳤다!

다윗이 하나님의 궤를 옮기다

13 1-14 다윗은 모든 지도자, 곧 천부장과 백부장과 함께 의논했다. 그러고 나서 이스라엘 온 회중 앞에서 말했다. "여러분이 옳게 여기고 그것이 **하나님**의 뜻이라면, 이스라엘 전역에 있는 우리의 친족과 그들의 친족, 각자의 성읍과 주변 목초지에 사는 제사장과 레위인들까지 모두 초청하여 한자리에 모이게 합시다. 그런 다음, 사울의 시대 동안 보이지 않아 마음에서 멀어진 우리 하나님의 궤를 다시 가져옵시다." 이스라엘 온 회중이 그것을 옳게 여

기고 동의했다. 그래서 다윗은 기럇여아림에 있는 하나님의 궤를 가져오기 위해, 남서쪽으로는 이집트의 호루스 연못에서부터 북동쪽으로 하맛 고갯길에 이르기까지 온 이스라엘을 불러 모았다. 이어서 다윗과 온 이스라엘은 하나님의 궤를 다시 가져오려고 유다의 바알라(기럇여아림)로 갔다. 그 궤는 '**하나님**의 그룹 보좌'이며, 거기서 **하나님**의 이름을 불렀다. 그들은 아비나답의 집으로 가서 하나님의 궤를 새 수레에 싣고 옮겨 왔는데, 웃사와 아히오가 그 일을 맡았다. 다윗과 온 이스라엘은 하나님의 궤와 함께 행렬을 이루어, 온갖 악기를 든 악대와 함께 노래하고 춤추며 마음껏 예배했다. 그들이 기돈의 타작마당에 이르렀을 때, 소들이 비틀거려 궤가 떨어지려고 하자 웃사가 손을 내밀어 궤를 잡았다. 웃사가 궤를 잡은 일로 **하나님**께서 진노를 발하셔서 그를 죽이셨다. 그는 하나님 앞에서 죽었다. **하나님**께서 웃사에게 진노를 발하시자 다윗은 성질을 부리며 화를 냈다. 그래서 그곳은 오늘까지 베레스웃사(웃사에 대해 폭발하심)라고 불린다. 그날 다윗은 하나님이 두려워 "이래서야 어떻게 하나님의 궤를 모시고 계속해서 갈 수 있겠는가?" 하고 말했다. 그래서 다윗은 다윗 성으로 궤를 옮기지 않고, 가드 사람 오벳에돔의 집에 보관했다. 하나님의 궤는 오벳에돔의 집에 석 달 동안 머물렀다. **하나님**께서 오벳에돔의 집과 그의 주변 모든 것에 복을 주셨다.

14

1-7 두로 왕 히람이 다윗에게 사절단과 함께 백향
목 재목과 석공과 목수들을 보내어 그의 왕궁을
짓게 했다. 다윗은 **하나님**께서 자신을 이스라엘의 왕으로
인정해 주셨음을 분명히 깨달았다. **하나님**께서 그분의 백성
이스라엘을 위해 그 나라의 명성을 높여 주셨기 때문이다.
다윗은 예루살렘에서 아내를 더 맞아들였고 자녀를 더 낳았
다. 그가 예루살렘에서 낳은 자녀들은 삼무아, 소밥, 나단,
솔로몬, 입할, 엘리수아, 엘벨렛, 노가, 네벡, 야비아, 엘리
사마, 브엘랴다, 엘리벨렛이다.

8-9 다윗이 통일 이스라엘의 왕이 되었다는 소식을 듣고 블
레셋 사람이 그를 잡으러 몰려왔다. 보고를 들은 다윗은 그
들과 맞서 싸우기 위해 나갔다. 블레셋 사람은 중간에 르바
임 골짜기에 이르러 그곳을 약탈했다.
10 다윗이 하나님께 기도했다. "지금 블레셋 사람을 공격해
도 되겠습니까? 주께서 저에게 승리를 주시겠습니까?"
하나님께서 대답하셨다. "공격하여라. 내가 너에게 승리를
주겠다."
11-12 다윗은 바알브라심에서 공격하여 그들을 철저히 쳐부
수었다. 그리고 나서 이렇게 말했다. "콸콸 솟구치는 물처
럼 하나님께서 내 적들을 쓸어버리셨다." 이후 사람들은 그
곳을 바알브라심(바알에게 솟구치심)이라고 불렀다. 블레셋

사람은 그들의 신상들을 버려두고 도망쳤고, 다윗은 그것들
을 불태워 버리라고 명령했다.
13-15 그 후에 블레셋 사람이 또다시 쳐들어와 골짜기를 약탈
했다. 다윗이 또 하나님께 기도했다. 하나님께서 대답하셨
다. "이번에는 정면에서 공격하지 말고, 그들 뒤로 돌아가
뽕나무 숲에서 덮쳐라. 뽕나무 숲 꼭대기에서 발소리가 들
리면, 그때 공격하여라. 나 하나님이 너보다 두 걸음 앞서
가서 블레셋 사람을 쳐부술 것이다."
16 다윗은 하나님께서 명령하신 대로 하여, 기브온에서 게셀
에 이르기까지 블레셋 사람을 쳐서 무찔렀다.
17 다윗의 명성이 곧 사방으로 퍼졌고, **하나님**께서는 그분을
모르는 나라들 안에 하나님에 대한 두려움을 심으셨다.

15

1-2 다윗은 다윗 성에 자신의 집을 지은 뒤에 하
나님의 궤를 둘 자리를 마련하고 장막을 쳤다.
그런 다음 이렇게 명령했다. "레위인들 외에는 누구도 하나
님의 궤를 나를 수 없다. **하나님**께서 그들을 선택하셔서, 오
직 그들만이 **하나님**의 궤를 나르게 하셨고 장막 안에 머무
르면서 예배를 섬기게 하셨다."
3-10 다윗은 특별히 준비해 둔 곳으로 **하나님**의 궤를 옮겨 오
려고 이스라엘 모든 백성을 예루살렘에 불러 모았다. 다윗
은 아론 집안과 레위인들도 불러들였다. 고핫 가문에서 족

장 우리엘과 그의 친족 120명, 므라리 가문에서 족장 아사
야와 그의 친족 220명, 게르손 가문에서 족장 요엘과 그의
친족 130명, 엘리사반 가문에서 족장 스마야와 그의 친족
200명, 헤브론 가문에서 족장 엘리엘과 그의 친족 80명, 웃
시엘 가문에서 족장 암미나답과 그의 친족 112명이 왔다.
11-13 그러고 나서 다윗은 제사장 사독과 아비아달, 레위인
우리엘, 아사야, 요엘, 스마야, 엘리엘, 암미나답을 불러 그
들에게 말했다. "여러분은 레위 가문의 책임자들입니다. 이
제 여러분과 여러분의 친족들은 자신을 정결하게 하고 이스
라엘의 **하나님**의 궤를 내가 따로 마련해 둔 곳으로 옮겨 오
십시오. 지난번에 이 일을 할 때는 여러분 레위인들이 궤를
메지 않았습니다. 우리가 규정대로 제대로 준비하지 않았기
때문에 **하나님**께서 진노하신 것입니다."
14-15 그러자 제사장과 레위인들은 이스라엘의 **하나님**의 궤
를 옮겨 오기 위해 자신들을 정결하게 했다. 레위인들은
하나님의 지시에 따라 모세가 명령한 대로, 하나님의 궤에
채를 끼워 어깨에 메고 손으로 만지지 않도록 주의했다.
16 다윗은 레위인 족장들에게 지시하여 그들의 친족들을 찬
양대로 세우고, 잘 구비된 악대의 연주에 맞추어 노래할 때
에 흥겨운 소리가 하늘 가득 울리게 했다.
17-18 레위인들은 요엘의 아들 헤만과 그의 친족인 베레갸의
아들 아삽을, 므라리 가문에서는 구사야의 아들 에단을 찬
양대로 임명했다. 그들 외에 두 번째 서열도 그들의 형제 스

가랴, 야아시엘, 스미라못, 여히엘, 운니, 엘리압, 브나야,
마아세야, 맛디디야, 엘리블레후, 믹네야, 문지기 오벳에
돔, 여이엘을 임명했다.
19-22 찬양대와 악대 대원들은 이러하다. 헤만, 아삽, 에단은
청동심벌즈를 쳤다. 스가랴, 아시엘, 스미라못, 여히엘, 운
니, 엘리압, 마아세야, 브나야는 수금으로 멜로디를 연주했
다. 맛디디야, 엘리블레후, 믹네야, 오벳에돔, 여이엘, 아사
시야는 하프로 화음을 넣었다. 음악을 책임진 레위인 그나
냐는 타고난 음악가요 지휘자였다.
23-24 베레갸와 엘가나는 궤를 나르는 자였다. 제사장 스바
냐, 요사밧, 느다넬, 아미새, 스가랴, 브나야, 엘리에셀은
하나님의 궤 앞에서 나팔을 불었다. 오벳에돔과 여히야도
궤를 나르는 자였다.

언약궤를 예루살렘으로 옮기다

25-28 마침내 그들이 모든 준비를 마쳤다. 다윗과 이스라엘의
장로와 천부장들은 오벳에돔의 집으로 가서 **하나님**의 언약
궤를 가지고 올라왔다. 그들은 기쁜 마음으로 길을 갔다. 하
나님께서 레위인들을 도우셔서, **하나님**의 언약궤를 나르는
그들에게 힘을 주셨다. 그들은 멈추어 서서 소 일곱 마리와
숫양 일곱 마리를 제물로 바쳐 예배했다. 다윗과 궤를 나르
는 레위인과 찬양대와 악대와 음악을 지휘하는 그나냐를 포
함한 모든 사람이 고운 세마포 옷을 입었다. 다윗은 (에봇이

라고 하는) 세마포로 만든 겉옷까지 입었다. 온 이스라엘이
행진하며 나아갔고, 온갖 관악기와 타악기와 현악기를 연주
하면서 소리치고 환호하며 **하나님**의 언약궤를 옮겼다.
29 **하나님**의 언약궤가 다윗 성으로 들어올 때에, 사울의 딸
미갈이 창가에서 그 광경을 보았다. 다윗 왕이 기뻐 어쩔 줄
모르며 춤추는 모습을 보고서, 그녀는 마음속으로 다윗을
업신여겼다.

16

1-3 그들은 하나님의 궤를 가져다가 다윗이 따로
쳐 놓은 장막 한가운데 두고, 하나님께 번제와
화목제를 드려 예배했다. 두 가지 제물을 바치고 예배를 마
친 다윗은 **하나님**의 이름으로 백성을 축복하고, 남녀 할 것
없이 그곳에 모인 모든 사람에게 빵 한 덩이와 구운 고기 한
점과 건포도과자 하나씩을 돌렸다.
4-6 또한 다윗은 레위인에게 **하나님**의 궤 앞에서 예배를 인
도하는 일을 맡겨 이스라엘의 **하나님**께 중보하고 감사하며
찬양하게 했다. 그 일의 책임자는 아삽이었고, 그 아래로 악
기를 연주하는 스가랴, 여이엘, 스미라못, 여히엘, 맛디디
야, 엘리압, 브나야, 오벳에돔, 여이엘이 있었다. 아삽은 타
악기를 맡았다. 제사장 브나야와 야하시엘은 매일 정해진
시간에 하나님의 언약궤 앞에서 나팔을 불었다.
7 그날 다윗은 **하나님**께 드리는 찬양예배를 처음 시작하면

서, 아삽과 그의 동료가 예배를 인도하게 했다.

8-19 **하나님**께 감사하여라! 그분의 이름을 소리쳐 불러라!
온 세상에 그분이 어떤 분이신지, 어떤 일을 하셨는지 알려라!
그분께 노래하여라! 그분을 위해 연주하여라!
그분께서 행하신 모든 놀라운 일을 방방곡곡에 전파하여라!
하나님을 찾는 이들아,
그분의 거룩한 이름을 한껏 즐겨라. 환호성을 올려라!
하나님과 그분의 능력을 배우고
밤낮으로 그분의 임재를 구하여라.
그분께서 행하신 놀라운 일들,
그분 입에서 나온 기적과 심판을 기억하여라.
그분의 종 이스라엘의 자손들아!
그분께서 가장 아끼시는 야곱의 자녀들아!
그분은 **하나님** 곧 우리 하나님이시다.
그분의 심판과 판결은 어디든 미친다.
그분께서는 약속하신 바를 지키신다.
명령하신 그 언약,
아브라함과 맺으신 그 언약,
이삭에게 맹세하신 그 언약을 수천 대까지 지키신다.
그 언약을 야곱에게 대문짝만하게 적어 주셨다.
이스라엘과 이 영원한 언약을 맺으셨다.

"내가 너희에게 가나안 땅을 주노라.
유산으로 주노라.
별 볼 일 없는 너희,
한 줌 나그네에 불과한 너희에게."

20-22 그들은 이곳저곳을 방황했고,
이 나라 저 나라로 옮겨 다녔다.
그러나 그분께서는 누구도 그들을 괴롭히지 못하게 하셨고,
그들 편이 되어 폭군들에 맞서 주셨다.
"감히 내가 기름부은 이들을 건드리지 마라.
내 예언자들에게 손대지 마라."

23-27 만민들아, 만물들아, **하나님**께 노래하여라!
그분의 구원 소식을 날마다 전파하여라!
이방 민족들 가운데 그분의 영광을 선포하여라.
그분께서 행하신 놀라운 일들을 모든 종족과 종교 가운데
널리 알려라.
하나님께서 위대하시니! 찬양받으시기에 합당하시니!
어떤 신이 그분 영광에 이를 수 있으랴.
세상 신들 다 헛것이요 헛소리일 뿐이나
하나님은 우주를 지은 분이시다!
영광과 위엄이 그분에게서 흘러나오고,
능력과 기쁨이 그분 계신 곳에 가득하다.

28-29 만방의 민족들아, **하나님**께 환호성을 올려라!
그분의 경이로운 영광에! 그분의 경이로운 능력에!
그분의 높으신 이름에 환호성을 올려라!
예물을 높이 들고 그분 앞에 나아가라!
그분의 거룩하심을 옷 입고 그분 앞에 서라!

30-33 하나님은 엄위로운 분이시다. 경외할 분이시다.
세상을 제자리에 두어 요동하지 않게 하는 분이시다.
그러니 하늘에 명령하여 "기뻐하여라" 하고, 땅에 명령하여 "환호하여라" 하며,
민족들 가운데 소식을 전하여라. "**하나님**께서 통치하신다!"
바다와 거기 가득한 생명들에게 명령하여 "함성을 올려라" 하고,
들과 거기 모든 생물에게 명령하여 "환호성을 올려라" 하여라.
그러면 숲의 모든 나무도, **하나님** 앞에서 즐거워하는 모든 것과 함께
손뼉 치며 외칠 것이다.
그분께서 오고 계신다! 모든 것을 바로잡으러 오고 계신다!

34-36 **하나님**께 감사하여라. 그분은 선하시며
그분의 사랑은 끝이 없으시다.
너희는 말하여라. "구원자 하나님, 저희를 구해 주십시오.

저희 모두를 모아, 이 이방 나라들에서 건져 주십시오.
그리하여 저희로 주의 거룩한 이름에 감사드리며
주를 찬양하는 삶을 누릴 수 있게 해주십시오."
하나님, 이스라엘의 하나님,
영원부터 영원까지 찬양받으시기를 원합니다.

그러자 모든 이들이 말했다. "그렇습니다! 아멘!", "**하나님**을 찬양하여라!"

37-42 다윗은 아삽과 그의 동료들을 **하나님**의 언약궤 앞에 머
물게 하고 예배 일을 맡겼다. 그들은 하루 종일 그곳에 머물면서 예배에 필요한 일을 담당했다. 다윗은 또 오벳에돔과 그의 친족 예순여덟 명을 임명하여 그들을 돕게 했다. 여두둔의 아들 오벳에돔과 호사는 문지기 일을 맡았다. 제사장 사독과 그의 집안 제사장들에게는 기브온의 거룩한 언덕에 있는 **하나님**의 회막을 맡겨 날마다 아침저녁으로 예배를 드리게 하고, 이스라엘의 규범인 **하나님**의 율법에 기록된 대로 번제단 위에서 번제를 드리게 했다. 그들과 함께 헤만과 여두둔과 그 밖에 따로 임명된 자들의 직무 내역서에는 이렇게 적혀 있었다. "**하나님**께 감사하여라. 그분의 사랑은 끝이 없으시다." 헤만과 여두둔은 거룩한 노래를 연주할 나팔과 심벌즈와 그 밖의 악기들을 구비해 두었다. 여두둔의

아들들은 문지기를 맡았다.
43 직무 배치가 완료되자, 백성은 모두 집으로 돌아갔다. 다
윗도 그의 가족을 축복하기 위해 왕궁으로 돌아갔다.

다윗에 대한 하나님의 약속

17 1 왕은 안정을 찾은 뒤에, 예언자 나단에게 말했
다. "보십시오. 나는 여기 호화로운 백향목 궁에
서 편히 살고 있는데 하나님의 언약궤는 허술한 장막 안에
있습니다."
2 나단이 왕에게 말했다. "무엇이든 왕의 마음에 좋은 대로
행하십시오. **하나님**께서 왕과 함께 계십니다."
3-6 그러나 그날 밤 하나님의 말씀이 나단에게 임했다. "너는
가서 내 종 다윗에게 전하여라. '이 일에 대한 **하나님**의 말
씀이다. 너는 내가 살 집을 짓지 못할 것이다. 이스라엘 자
손을 이집트에서 이끌어 내던 날부터 지금까지, 나는 한 번
도 집에서 산 적이 없다. 장막과 임시 거처를 옮겨 다니며
지냈다. 내가 이스라엘과 함께 다니면서 목자로 지명한 지
도자들 중 누구에게 "어찌하여 내게 백향목 집을 지어 주지
않느냐?"고 물은 적이 있느냐?'
7-10 그러니 너는 내 종 다윗에게 이렇게 말하여라. '만군의
하나님이 네게 주는 말씀이다. 내가 양의 뒤를 따라다니던
너를 목장에서 데려다가 내 백성 이스라엘의 지도자로 삼았
다. 네가 어디로 가든지 내가 너와 함께 있었고, 네 앞의 모

든 적을 물리쳤다. 이제 나는 네 이름을 높여서 땅의 위대한
이름들과 어깨를 겨루게 할 것이다. 그리고 내 백성 이스라
엘을 위해 한 곳을 따로 떼어 그들을 그곳에 심고, 각자 자
기 집을 갖게 하여 더 이상 떠돌지 않게 할 것이다. 또한 내
백성 이스라엘 위에 사사들을 두던 시절과는 달리, 악한 나
라들이 그들을 괴롭히지 못하게 할 것이다. 마침내, 너의 모
든 적을 네 앞에 무릎 꿇게 할 것이다.
10-14 이제 네게 말한다. 나 **하나님**이 친히 네게 집을 지어 주
겠다! 네 일생이 다하여 조상과 함께 묻힐 때에, 내가 네 자
식, 네 몸에서 난 혈육을 일으켜 네 뒤를 잇게 하고 그의 통
치를 견고히 세울 것이다. 그가 나를 높여 집을 지을 것이
며, 나는 그 나라의 통치를 영원히 보장할 것이다. 나는 그
에게 아버지가 되고 그는 내게 아들이 될 것이다. 앞선 왕에
게서는 내 자비로운 사랑을 거두었으나, 그에게서는 절대로
내 사랑을 거두지 않을 것이다. 내가 그를 내 집과 내 나라
위에 영원히 세울 것이다. 그의 왕좌는 바위처럼 언제나 든
든히 그 자리에 있을 것이다.'"
15 나단은 환상 중에 보고 들은 모든 것을 다윗에게 빠짐없
이 전했다.
16-27 다윗 왕이 들어가서, **하나님** 앞에서 기도했다.

내 주 **하나님**, 제가 누구이며 저의 집안이 무엇이기에 주
께서 저를 이 자리에 이르게 하셨습니까? 그러나 앞으

로 있을 일에 비하면 이것은 아무것도 아닙니다. 주 **하나님**, 주께서는 제 집안의 먼 앞날에 대해서 말씀하시며 장래 일을 엿보게 해주시고, 저를 대단한 사람처럼 봐 주셨습니다! 제 실상이 어떤지 아시면서도 주의 종을 높여 주시니 이 다윗이 무슨 할 말이 있겠습니까? **하나님**, 주께서 그 선하신 마음으로 저를 취하셔서 이 큰일을 행하게 하시고 주의 크신 일을 나타내게 하셨습니다. 주님 같은 분이 없습니다. 주님과 같은 **하나님**이 없습니다. 주님 외에는 하나님이 없습니다. 우리 귀로 들은 그 어떤 이야기도 주님과 비할 수 없습니다. 누가 이 땅에 하나뿐인 나라, 주의 백성 이스라엘과 같겠습니까? 하나님께서 친히 나서서 그들을 구해 내시고 그분의 백성 삼으셨습니다(그 일로 주의 이름을 널리 알리셨습니다). 그들을 이집트에서 구원하여 내심으로 여러 민족과 그 신들을 사방으로 내쫓으시며 크고 두려운 일을 행하셨습니다. 주께서 자신을 위해 한 백성—주님 소유의 이스라엘!—을 영원히 주의 백성으로 세우셨습니다. 그리고 주 **하나님**께서 그들의 하나님이 되셨습니다.

위대하신 **하나님**, 저와 제 집안에 주신 이 말씀을 영원히 보장해 주십시오! 약속하신 대로 이루어 주십시오! 그러면 주의 명성이 굳건해지고 영원히 높아져 사람들이 '만군의 **하나님**, 이스라엘을 다스리시는 하나님이 이스라엘의 하나님이시다!' 하고 외칠 것입니다. 그리고 주의 종 다윗의 집은, 보살펴 주시는 주의 임재 안에 바위처럼 굳건히 남을 것입니다. 주 나의 하나님께서 '내가 네게 집을 지어 주겠다'고 제게 밝히 말씀하시니, 제가 용기를 내어 주께 이 기도를 감히 드립니다. **하나님**, 신실하신 주께서 이 모든 놀라운 말씀을 친히 제게 해주셨습니다. 저의 집 안에 복을 내려 주셔서, 늘 주의 임재 안에 머물게 해주십시오. **하나님**, 주께서 복을 내리시니, 참으로 복되고 복됩니다. 영원히 복됩니다!

다윗의 승전 기록

18 1 그 후 다윗은 블레셋 사람을 크게 쳐서 굴복시키고, 가드를 점령하여 그 주변 지역을 지배했다.
2 그는 또 모압과 싸워 그들을 물리쳤다. 모압 사람은 다윗의 통치를 받으며 정기적으로 조공을 바쳤다.
3-4 다음으로 유프라테스 강 유역의 통치권을 회복하러 가는 길에 다윗은 소바 왕 하닷에셀을 (멀리 하맛까지) 물리쳤다. 다윗은 그에게서 전차 천 대와 기병 칠천 명, 보병 이만 명을 빼앗았다. 그는 전차를 끄는 말 백 마리만 남기고, 나머지 모든 말의 뒷발 힘줄을 끊었다.
5-6 다마스쿠스의 아람 사람이 소바 왕 하닷에셀을 도우러 오자, 다윗은 그들 이만이천 명을 모두 죽였다. 그는 아람-다마스쿠스에 꼭두각시 정부를 세웠다. 아람 사람은 다윗의 종이 되어 조공을 바쳐야 했다. 다윗이 어디로 진군하든지

하나님께서 그에게 승리를 주셨다.
7-8 다윗은 하닷에셀의 신하들이 가지고 있던 금방패를 전리
품으로 취하여 예루살렘으로 가져왔다. 또 하닷에셀의 성읍
인 데바와 군에서 청동을 아주 많이 빼앗았는데, 나중에 솔
로몬이 그것으로 커다란 청동바다와 기둥과 성전 안의 청동
기구들을 만들었다.
9-11 다윗이 소바 왕 하닷에셀의 군대를 모두 쳐부수었다는
소식을 하맛 왕 도우가 들었다. 그는 아들 하도람을 다윗 왕
에게 보내어 안부를 묻고 하닷에셀과 싸워 이긴 것을 축하
했다. 도우와 하닷에셀은 오랜 원수관계였기 때문이다. 하
도람은 다윗에게 은과 금과 청동으로 된 각종 물건을 가져
왔다. 다윗 왕은 이 물건을 에돔, 모압, 암몬 사람, 블레셋
사람, 아말렉 등 다른 나라에서 빼앗은 은금과 함께 거룩하
게 구별했다.
12-13 스루야의 아들 아비새는 소금 골짜기에서 에돔 사람과
싸워 그들 만팔천 명을 물리쳤다. 다윗이 에돔에 꼭두각시
정부를 세우니, 에돔 사람이 다윗의 지배를 받았다.
다윗이 어디로 진군하든지 **하나님**께서 그에게 승리를 주셨다.

14-17 이렇게 해서 다윗은 온 이스라엘을 다스렸다. 무슨 일
을 하든지 누구를 대하든지, 그의 다스림은 공명정대했다.
스루야의 아들 요압은 군사령관이었다.

아힐룻의 아들 여호사밧은 공문서를 맡은 기록관이었다.
아히둡의 아들 사독과 아비아달의 아들 아히멜렉은 제사장이었다.
사워사는 서기관이었다.
여호야다의 아들 브나야는 특수부대인 그렛 사람과 블렛 사람을 지휘했다.
그리고 다윗의 아들들은 왕을 모시는 측근들로 높은 자리에 앉았다.

19

1-2 시간이 흘러, 암몬 사람의 왕 나하스가 죽고
그의 아들이 뒤를 이어 왕이 되었다. 이에 다윗
은 "나하스의 아들 하눈에게 친절을 베풀고 싶구나. 그의 아
버지가 내게 한 것처럼 나도 그를 잘 대해 주고 싶다"고 하
면서, 부친상을 당한 그에게 조문단을 보냈다.
2-3 그러나 다윗의 신하들이 암몬 사람의 땅에 이르러 하눈
을 찾아가 조문하자, 암몬 사람의 지도자들이 하눈에게 경
고했다. "왕께서는 다윗이 왕의 아버지를 공경해서 이렇게
조문단을 보낸 줄 아십니까? 그가 이들을 보낸 것은 이 성
을 정탐하여 결국 빼앗기 위한 것임을 모르시겠습니까?"
4 그래서 하눈은 다윗의 신하들을 잡아 그들의 수염을 깎고,
옷을 엉덩이 절반 높이까지 자른 다음 돌려보냈다.
5 이 모든 일이 다윗에게 전해졌다. 그들이 심한 모욕을 당

했으므로, 다윗은 사람을 보내어 그들을 맞이하게 했다. 왕은 "그대들의 수염이 자랄 때까지 여리고에 있다가 그 후에 돌아오시오" 하고 말했다.

6-7 암몬 사람은 자신들이 다윗의 미움을 사게 된 줄을 깨닫고 은 천 달란트(37.5톤!)를 들여 나하라임, 마아가, 소바의 아람 사람에게서 전차 삼만이천 대와 기병을 고용했다. 또 마아가 왕과 그의 군대도 고용했는데, 그들이 와서 메드바에 진을 쳤다. 암몬 사람도 그들의 여러 성읍에서 모여들어 전투 준비를 했다.

8 이 소식을 들은 다윗은 그의 가장 강한 용사들을 요압에게 맡겨 출정시켰다.

9-13 암몬 사람이 나와서 성문 앞에 전투대형으로 섰다. 연합군으로 온 왕들은 넓은 들판에 전열을 갖추었다. 요압은 싸워야 할 전선이 앞뒤로 있는 것을 보고, 이스라엘의 정예군 중에서 다시 최정예군을 뽑아 아람 사람과 맞서게 배치했다. 나머지 군대는 그의 동생 아비새의 지휘 아래 두어 암몬 사람을 상대하게 했다. 그가 말했다. "아람 사람이 나보다 힘이 세면, 네가 와서 나를 도와라. 암몬 사람이 너보다 힘이 세면 내가 가서 너를 돕겠다. 용기를 내어라! 우리는 우리 백성과 우리 하나님의 성읍을 위해 온 힘을 다해 싸울 것이다. 무엇이든 필요하다면 **하나님**께서 친히 행하실 것이다!"

14-15 그런데 요압과 그의 군사들이 아람 사람과 싸우려고 쳐들어가자, 그들이 모두 후퇴하여 도망쳤다. 아람 사람이 목

숨을 건지기 위해 도망치는 것을 본 암몬 사람도, 아비새를
피해 도망쳐 성 안으로 들어갔다.
그러자 요압은 철수하여 예루살렘으로 돌아왔다.
16 아람 사람은 이스라엘에게 처참히 패한 것을 알고, 사태
를 수습하고 나서 전열을 재정비했다. 그들은 사람을 보내
요단 강 건너편에 있는 아람 사람을 불렀다. 하닷에셀의 군
사령관 소박이 그들을 지휘했다.
17-19 이 모든 일을 보고받은 다윗은, 그는 온 이스라엘 군대
를 소집하고 요단 강을 건너 진군하여 전투태세를 갖췄다.
아람 사람은 다윗과 맞설 태세로 전투대형을 취했고, 이내
전투가 시작되었다. 그러나 그들은 이번에도 이스라엘 앞에
서 흩어져 도망쳤다. 다윗은 전차병 칠천 명과 보병 사만 명
을 죽였다. 군사령관 소박도 죽였다. 하닷에셀을 섬기던 모
든 왕이 자신들의 패배를 인정하고, 다윗과 화친하여 그를
섬겼다. 아람 사람은 이스라엘이 두려워 다시는 암몬 사람
을 돕지 않았다.

20 1-3 그해 봄, 왕들이 전쟁에 나가는 때가 되자 요
압이 군대를 이끌고 나가 암몬 사람을 무찌르고
랍바를 포위했다. 한편, 다윗은 예루살렘에 남아 있었다. 요
압은 랍바를 크게 쳐서 폐허로 만들었다. 다윗이 암몬 왕의
머리에서 왕관을 벗겼는데, 그 무게만도 금 한 달란트가 나

갔고 보석도 박혀 있었다. 다윗이 그 관을 들어 머리에 썼
다. 그는 그 성에서 엄청난 양의 전리품을 가져왔고 그 백성
에게 톱질과 곡괭이질과 도끼질 등의 강제노역을 시켰다.
그는 모든 암몬 사람에게 그와 같이 행했다. 그러고 나서 다
윗과 그의 군대는 예루살렘으로 돌아왔다.
4-8 그 후에 게셀에서 블레셋 사람과 전쟁이 벌어졌다. 후사
사람 십브개가 거인족 십배를 죽인 것이 이때였다. 블레셋
사람은 굴욕적으로 패배했다. 블레셋 사람과의 또 다른 전
쟁에서, 야일의 아들 엘하난이 가드 사람 골리앗의 동생 라
흐미를 죽였는데, 그의 창은 배의 활대만큼이나 컸다. 또 가
드에서 전쟁이 벌어졌을 때는 손가락과 발가락이 여섯 개씩
모두 스물네 개가 달린 거인이 나왔다. 그도 거인족의 자손
이었다. 그가 이스라엘을 조롱하자, 다윗의 형 시므아의 아
들 요나단이 그를 죽였다. 이들은 모두 거인족의 자손으로,
다윗과 그의 부하들에게 목숨을 잃었다.

다윗의 인구조사

21 1-2 사탄이 등장하여 다윗을 꾀어 이스라엘의 인
구를 조사하게 했다. 다윗은 요압과 자기 밑의
군사령관에게 명령을 내렸다. "단에서 브엘세바까지 이스
라엘의 모든 지파를 두루 다니며 인구를 조사하시오. 내가
그 수를 알고 싶소."
3 요압이 만류했다. "**하나님**께서 그분의 백성을 백 배나 늘

어나게 하시기를 빕니다! 그들은 모두 내 주인이신 왕의 백
성이 아닙니까? 그런데 왕께서는 도대체 왜 이 일을 하시려
는 것입니까? 어찌하여 이스라엘과 하나님과의 관계를 어
렵게 만들려고 하십니까?"
4-7 그러나 다윗은 뜻을 굽히지 않았고, 요압은 가서 명령대
로 행했다. 그는 그 땅을 두루 다닌 다음 예루살렘으로 돌아
와 인구조사 결과를 보고했다. 군사가 1,100,000명이었고,
그 가운데 유다가 470,000명을 차지했다. 요압은 왕의 명
령이 몹시 못마땅하여, 항의의 뜻으로 레위와 베냐민의 인
구는 조사하지 않았다. 하나님께서 이 모든 일로 노하시고
이스라엘을 벌하셨다.
8 그러자 다윗이 기도했다. "이 일로 제가 큰 죄를 지었습니
다. 하나님을 신뢰하는 대신에 통계 수치를 의지했습니다.
제가 지은 죄를 용서하여 주십시오. 제가 참으로 어리석었
습니다."
9-10 **하나님**께서 다윗의 목자인 갓을 통해 대답하셨다. "가서
다윗에게 이 메시지를 전하여라. '나 **하나님**이 말한다. 너는
세 가지 벌 중에서 하나를 택하여라. 나머지는 내가 알아서
하겠다.'"
11-12 갓이 다윗에게 메시지를 전했다. "삼 년 동안 기근이
드는 것이 좋겠습니까? 아니면, 왕이 원수들에게 쫓겨 석
달 동안 도망 다니시는 것이 좋겠습니까? 아니면, 사흘 동
안 **하나님**의 칼—**하나님**의 천사가 이 땅에 풀어 놓을 전염

병—을 받는 것이 좋겠습니까? 생각해 보시고 마음을 정하
십시오. 저를 보내신 분께 어떻게 아뢰면 되겠습니까?"
13 다윗이 갓에게 말했다. "모두 끔찍한 일입니다! 하지만
사람의 손에 넘겨지기보다는 차라리 자비가 많으신 **하나님**
께 벌을 받겠습니다."
14-15 그래서 **하나님**께서 이스라엘에 전염병을 풀어 놓으셨
고, 이스라엘 백성 칠만 명이 죽었다. 곧이어 하나님께서 예
루살렘을 멸망시키려고 천사를 보내셨다. 그러나 멸망이 시
작되려는 것을 보시고, 하나님께서는 그들을 불쌍히 여겨
뜻을 바꾸시고, 죽음의 천사에게 명령하셨다. "이제 됐다!
그만 물러나거라!"
15-16 그때 **하나님**의 천사는 여부스 사람 아라우나의 타작마
당에 이르러 있었다. 다윗이 눈을 들어 보니, 천사가 땅과
하늘 사이를 돌며 칼을 뽑아 들고 예루살렘을 치려고 했다.
다윗과 장로들이 엎드려 기도하며 굵은 베로 몸을 덮었다.
17 다윗이 기도했다. "죄를 지은 것은 저입니다! 제가 죄인
입니다. 이 양들이 무슨 잘못을 했습니까? 그들이 아니라
저를, 저와 제 집안을 벌해 주십시오. 그들에게 벌을 내리지
말아 주십시오."
18-19 **하나님**의 천사가 갓에게 명령했다. 다윗에게 말하기를,
여부스 사람 아라우나의 타작마당으로 가서 **하나님**께 제단
을 쌓으라고 했다. 다윗은 **하나님**의 명령에 순종하여 갓이
전해 준 대로 행했다.

20-21 그때 아라우나는 타작을 멈추고 천사를 지켜보고 있었
다. 그의 네 아들은 천사를 피하여 숨었다. 다윗이 아라우나
에게 다가갔다. 다윗을 본 아라우나는 타작마당에서 나와
그 앞에 엎드려 절하며 왕에게 예를 갖추었다.
22 다윗이 아라우나에게 말했다. "이 타작마당을 내게 주어
하나님께 제단을 쌓을 수 있게 해주시오. 제값을 받고 내게
파시오. 그러면 우리가 이 재앙을 끝낼 수 있을 것이오."
23 아라우나가 말했다. "내 주인이신 왕이여, 그냥 가져가
셔서, 왕께서 원하시는 대로 사용하십시오! 보십시오. 여기
소는 번제물로, 타작기구는 땔감으로, 밀은 곡식 제물로 쓰
십시오. 이 모두가 왕의 것입니다!"
24-27 다윗이 아라우나에게 대답했다. "아니오. 내가 제값을
치르고 사겠소. **하나님**께 희생 없는 제사를 드릴 수 없소."
그래서 다윗은 금 육백 세겔을 주고 아라우나에게서 그 땅
을 샀다. 그는 그곳에서 **하나님**께 제단을 쌓고 번제와 화목
제를 드렸다. 그가 **하나님**께 부르짖자 **하나님**께서 번제단에
번개를 쳐서 응답하셨다. **하나님**께서 천사에게 명령하여 칼
을 칼집에 꽂게 하셨다.
28 이것은 다윗이 여부스 사람 아라우나의 타작마당에서 제
사를 드리고 **하나님**께서 그에게 응답하시는 것을 보았을 때
벌어진 일이다.

29-1 그 당시, 모세가 광야에서 지은 성막과 번제단이 기브온 예배 처소에 세워져 있었는데, 다윗은 천사의 칼이 두려워 더 이상 그곳으로 가서 하나님께 기도할 수 없었다. 그래서 그는 이렇게 선포했다. "이제부터 이곳은 **하나님**을 예배하는 곳이며, 이스라엘의 번제단이다."

다윗이 솔로몬에게 성전 건축을 당부하다

22 2-4 다윗이 명령하여 그 땅에 사는 모든 외국인을 한곳에 모이게 했다. 그는 그들을 채석장으로 보내어 하나님의 성전을 지을 돌을 다듬게 했다. 또 입구의 문에 쓸 못과, 꺽쇠를 만들 엄청난 양의 철과, 무게를 달 수 없을 정도로 많은 청동과, 셀 수 없이 많은 백향목 재목을 준비했다(시돈 사람과 두로 사람이 다윗에게 엄청난 양의 백향목 재목을 보내온 것이다).
5-6 다윗은 생각했다. "내 아들 솔로몬이 이 일을 미리 계획하기에는 너무 어리고, **하나님**을 위해 지을 성전은 모든 나라에 소문이 날 만큼 더없이 장대해야 하니, 내가 건축 자재를 준비해야겠다." 그래서 다윗은 죽기 전까지 엄청난 양의 건축 자재를 준비했다. 그 후에 그는 아들 솔로몬을 불러 이스라엘의 **하나님**을 위해 성전을 지을 것을 명령했다.
7-10 다윗이 솔로몬에게 말했다. "나는 성전을 지어 내 **하나님**을 높이고 싶은 마음이 간절했다. 그러나 **하나님**께서 나를 막으시며 말씀하셨다. '너는 너무 많은 사람을 죽였고 너

무 많은 전쟁을 치렀다. 성전을 지어 나를 높일 사람은 네가 아니다. 지금까지 너 때문에 너무나 많은 사람이 죽고 피를 흘렸다. 그러나 네가 한 아들을 낳을 것인데, 그는 유순하고 온화한 사람이 될 것이며, 내가 그의 적들을 사방으로 잠잠하게 할 것이다. 평화를 뜻하는 솔로몬이라는 이름 그대로, 그가 다스리는 동안 내가 평화와 안식을 선사할 것이다. 그가 바로 나를 높여 성전을 지을 사람이다. 그는 내 귀한 양자가 되고 나는 그의 아버지가 될 것이다. 나는 반드시 이스라엘을 다스리는 그의 권세가 영원히 이어지게 할 것이다.'

11-16 그러니 아들아, **하나님**께서 너와 함께하시기를 빈다. 하나님께서 네게 맡기신 일이니, 네 **하나님**을 위해 성전을 짓는 너를 형통케 해주시기를 빈다. 또한 **하나님**께서 네게 분별력과 이해력을 주셔서, 네가 **하나님**의 계시대로 경건하게 순종하며 이스라엘을 다스리게 되기를 빈다. **하나님**께서 이스라엘을 위해 모세에게 명령하신 것들을 행하고 그 지침을 따르면, 네가 형통할 것이다. 용기를 내어라! 담대하게 나서거라! 겁내지 말고 망설이지도 마라. 보아라, 내가 **하나님**의 성전에 쓸 자재를 힘써 비축해 두었다. 금 십만 달란트(3,775톤), 은 백만 달란트(37,750톤), 너무 많아 무게를 잴 수 없을 정도의 청동과 철, 그리고 많은 양의 목재와 석재가 있다. 네가 얼마든지 더 보태도 좋다. 또 석수, 석공, 목수, 금은과 청동과 철을 다루는 장인들도 준비되어 있고 그 숫자도 아주 많다. 다 준비되었으니 일을 시작하도록 하

여라! **하나님**께서 형통케 해주시기를 빈다!"
17-19 다윗은 이스라엘의 모든 지도자에게 명령하여 그의 아
들 솔로몬을 돕게 했다. "여러분의 **하나님**께서 여러분과 함
께하셔서, 주변 모든 사람과 평화롭게 지내게 하시지 않았
습니까? 이곳에서 내 역할은 적들을 물리치고 이 땅을 **하나
님**과 그분의 백성에게 굴복시키는 일이었습니다. 여러분의
몫은 여러분의 마음과 뜻을 온전히 드려 여러분의 **하나님**께
기도하는 일입니다. 그러니 이제 움직이십시오. **하나님**께
거룩한 예배 처소를 지어 드리십시오! 그리고 **하나님**을 높
이기 위한 성전 안에 **하나님**의 언약궤와 예배를 위한 모든
거룩한 기구를 들여 놓으십시오."

23

1 다윗이 나이가 들어 늙었을 때에, 아들 솔로몬
을 이스라엘의 왕으로 세웠다.
2-5 동시에 그는 이스라엘의 모든 지도자와 제사장과 레위인
들을 한데 모았다. 서른 살 이상 된 레위인을 세어 보니 모
두 삼만팔천 명이었다. 다윗은 그들을 직무에 따라 나누었
다. "이만사천 명은 성전에서 예배를 담당하고, 육천 명은
관리와 재판관이고, 사천 명은 문지기며, 사천 명은 찬양대
에서 봉사하면서 내가 찬양을 위해 마련한 악기들로 **하나님**
을 찬양할 것이다."
6 이어서 다윗은 레위의 아들들인 게르손, 고핫, 므라리의

이름을 따라 여러 그룹으로 레위인들을 나누었다.
7-11 게르손 자손은 라단, 시므이다. 라단의 세 아들은 여히엘, 세담, 요엘이다. 시므이의 세 아들은 슬로못, 하시엘, 하란으로, 모두 라단 가문의 족장이었다. 시므이의 네 아들은 야핫, 시나, 여우스, 브리아다. 야핫이 첫째고 그 다음은 시사다. 여우스와 브리아는 아들이 많지 않아서 한 직무를 맡은 한 가문으로 계수되었다.
12-14 고핫의 네 아들은 아므람, 이스할, 헤브론, 웃시엘이다. 아므람의 아들들은 아론, 모세다. 아론은 특별히 위임받아 지성소에서 일했는데, **하나님** 앞에 향을 피우고 항상 하나님을 섬기며 그분의 이름을 찬양했다. 이것은 아론과 그의 아들들에게 대대로 내려진 직무였다. 모세와 그의 아들들은 레위 지파에 포함되었다.
15-17 모세의 아들들은 게르솜, 엘리에셀이다. 수바엘은 게르솜의 맏아들이다. 르하뱌는 엘리에셀의 맏아들이자 외아들이다. 엘리에셀은 다른 아들이 없었으나, 르하뱌는 아들이 많았다.
18-23 슬로밋은 이스할의 맏아들이다. 헤브론은 네 아들을 두었는데, 여리야, 아마랴, 야하시엘, 여가므암이다. 웃시엘은 미가와 잇시야 두 아들을 두었다. 므라리의 아들들은 마흘리, 무시다. 마흘리의 아들들은 엘르아살, 기스다. 엘르아살은 아들 없이 딸들만 두고 죽었다. 그의 딸들은 사촌인 기스의 아들들과 결혼했다. 무시는 마흘리, 에델, 여리못 이

렇게 세 아들을 두었다.
24 이들은 스무 살 이상 된 레위 자손으로 가문과 족장에 따
라 구분되었고, **하나님**의 성전 예배에서 맡은 직무에 따라
그룹별로 명단에 올랐다.
25-27 다윗이 말했다. "이제 이스라엘의 **하나님**께서 그분의
백성에게 안식을 주시고 예루살렘을 그분의 영원한 집으로
삼으셨으니, 레위인은 더 이상 성막이나 예배를 섬기는 데
필요한 기구들을 옮길 필요가 없다." 다윗의 이 유언은 스무
살 이상 된 레위인에게만 해당되었다.
28-31 이때부터 레위인들은 아론 자손을 도와 **하나님**의 집에
서 예배의 일을 섬겼다. 안뜰과 골방을 관리하고, 예배용 기
구와 도구를 청결히 유지하고, 그 밖에 예배를 섬기는 데 필
요한 모든 일을 처리하며, 상에 차릴 빵과 곡식 제물의 밀가
루와 누룩을 넣지 않은 과자를 준비하는 일, 곧 굽고 반죽하
고 양을 재고 무게를 다는 모든 일을 맡았다. 또한 그들은
아침기도와 저녁기도에 참석해 **하나님**께 감사와 찬양을 드
리고, 안식일과 초하루와 모든 절기에 **하나님**께 번제를 드
리는 의식에 참석해야 했다. 그들은 맡은 일과 필요에 따라
정해진 시간에 **하나님**을 섬겼다.
32 이렇게 레위인은 거룩한 예배 사역에서 아론 자손과 동역
하며, 예배 장소와 시간과 순서 등 예배와 관련된 모든 책임
을 맡았다.

제사장의 직무

24 1-5 아론 가문은 다음과 같이 나뉘었다. 아론의
아들들은 나답, 아비후, 엘르아살, 이다말이다.
나답과 아비후는 아들을 남기지 않고 아버지보다 먼저 죽었
다. 그래서 엘르아살과 이다말이 제사장 직분을 맡았다. 다
윗은 엘르아살 가문의 사독과 이다말 가문의 아히멜렉을 책
임자로 세워 두 가문이 맡겨진 직무를 나누어 수행하게 했
다. 지도자가 될 만한 사람이 이다말 가문보다 엘르아살 가
문에 더 많았으므로, 그 수를 고려하여 나누었다. 엘르아살
가문에서 족장 지도자 열여섯 명, 이다말 가문에서 족장 지
도자 여덟 명이었다. 성전에서 하나님의 일을 맡을 지도자
들이 모두 엘르아살 가문과 이다말 가문에 있었으므로, 그
들은 양쪽 가문을 똑같이 대하여 제비를 뽑아 지도자들을
임명했다.
6 레위인 느다넬의 아들 서기관 스마야가 왕과 관리들, 제사
장 사독과 아비아달의 아들 아히멜렉, 제사장과 레위인 가
문의 지도자들 앞에서 그들의 이름을 기록했다. 그들은 엘
르아살 가문에서 한 집, 이다말 가문에서 한 집씩 교대로 제
비를 뽑았다.

7-18 첫째로 제비 뽑힌 사람은 여호야립
둘째는 여다야
셋째는 하림

넷째는 스오림
다섯째는 말기야
여섯째는 미야민
일곱째는 학고스
여덟째는 아비야
아홉째는 예수아
열째는 스가냐
열한째는 엘리아십
열두째는 야김
열셋째는 훕바
열넷째는 예세브압
열다섯째는 빌가
열여섯째는 임멜
열일곱째는 헤실
열여덟째는 합비세스
열아홉째는 브다히야
스무째는 여헤스겔
스물한째는 야긴
스물두째는 가물
스물셋째는 들라야
스물넷째는 마아시야다.

19 그들은 정해진 순서대로 **하나님**의 성전에 들어가 섬기되,

하나님 이스라엘의 하나님께서 그들의 조상 아론에게 명령
하신 그대로 아론이 정한 규례에 따라 행했다.
20 나머지 레위인은 이러하다.
아므람의 아들들 중에서 수바엘, 수바엘의 아들들 중에서
예드야.
21 르하뱌의 아들들 중에서는 잇시야가 첫째였다.
22 이스할 자손 중에서 슬로못, 슬로못의 아들들 중에서 야핫.
23 헤브론의 아들들은 첫째 여리야, 둘째 아마랴, 셋째 야하
시엘, 넷째 여가므암이다.
24-25 웃시엘의 아들 미가, 미가의 아들들 중에서 사밀. 또한
미가의 동생 잇시야, 잇시야의 아들들 중에서 스가랴.
26-27 므라리의 아들들인 마흘리와 무시, 또 야아시야의 아들
브노. 므라리의 자손인 야아시야의 가문에서 브노, 소함, 삭
굴, 이브리.
28 마흘리 가문에서는 엘르아살인데, 그는 아들이 없었다.
29 기스 가문에서는 기스의 아들 여라므엘이다.
30-31 무시의 아들들 중에서는 마흘리, 에델, 여리못이다.

이들은 가문에 따라 기록된 레위인이다. 그들도 친족인 아론 자손처럼, 다윗 왕과 사독과 아히멜렉과 제사장과 레위인 가문의 지도자들 앞에서 제비를 뽑았다. 맏형의 가문과 막내 동생의 가문이 모두 같은 대우를 받았다.

음악으로 예배를 섬긴 사람들

25 1-7 그 후에 다윗과 예배 인도자들은 아삽, 헤
만, 여두둔 가문에서 특별히 설교와 음악으로
섬길 사람들을 뽑았다. 그 이름과 맡은 일의 목록은 이러
하다. 아삽 가문에서는 삭굴, 요셉, 느다냐, 아사렐라다.
아삽이 이들을 감독했는데, 그는 왕의 명령에 따라 하나
님의 말씀을 대언하는 자였다. 여두둔 가문에서는 그달
리야, 스리, 여사야, 시므이, 하사뱌, 맛디디야 이렇게 여
섯 아들이다. 그들의 아버지 여두둔이 이들을 감독했는
데, 그는 설교도 하고 수금으로 직접 연주도 하며 하나님
께 드리는 감사의 찬양을 인도했다. 헤만 가문에서는 북
기야, 맛다냐, 웃시엘, 수바엘, 여리못, 하나냐, 하나니,
엘리아다, 깃달디, 로맘디에셀, 요스브가사, 말로디, 호
딜, 마하시옷이다. 이들은 왕의 선견자 헤만의 아들들이
다. 이들은 아버지가 임명받은 거룩한 일을 잘 수행하도
록 지원하고 보조했다. 하나님은 헤만에게 열네 명의 아
들과 세 명의 딸을 주셨다. 아버지의 감독 아래 이들은 하
나님의 성전 예배에서 찬양을 인도하고 연주하는 일을 맡
았다(아삽, 여두둔, 헤만은 직접 왕의 명령을 받았다). 이들은
거룩한 음악에 능숙한 명인들로, 모두 288명이었다.
8 이들은 제비를 뽑아 누가 무슨 일을 할지를 정했다. 나이
가 많든 적든, 스승이든 제자든, 어느 누구에게도 특혜나 우
위를 주지 않았다.

9-31 아삽의 가문에서 첫째로 제비 뽑힌 이름은 요셉과 그 아들과 형제 열두 명이고, 둘째는 그달리야와 그 아들과 형제 열두 명, 셋째는 삭굴과 그 아들과 형제 열두 명, 넷째는 이스리와 그 아들과 형제 열두 명, 다섯째는 느다냐와 그 아들과 형제 열두 명, 여섯째는 북기야와 그 아들과 형제 열두 명, 일곱째는 여사렐라와 그 아들과 형제 열두 명, 여덟째는 여사야와 그 아들과 형제 열두 명, 아홉째는 맛다냐와 그 아들과 형제 열두 명, 열째는 시므이와 그 아들과 형제 열두 명, 열한째는 아사렐과 그 아들과 형제 열두 명, 열두째는 하사뱌와 그 아들과 형제 열두 명, 열셋째는 수바엘과 그 아들과 형제 열두 명, 열넷째는 맛디디야와 그 아들과 형제 열두 명, 열다섯째는 여리못과 그 아들과 형제 열두 명, 열여섯째는 하나냐와 그 아들과 형제 열두 명, 열일곱째는 요스브가사와 그 아들과 형제 열두 명, 열여덟째는 하나니와 그 아들과 형제 열두 명, 열아홉째는 말로디와 그 아들과 형제 열두 명, 스무째는 엘리아다와 그 아들과 형제 열두 명, 스물한째는 호딜과 그 아들과 형제 열두 명, 스물두째는 깃달디와 그 아들과 형제 열두 명, 스물셋째는 마하시옷과 그 아들과 형제 열두 명, 스물넷째는 로맘디에셀과 그 아들과 형제 열두 명이었다.

성전 문지기

26 1-11 문지기들은 고라 가문 출신이었다. (아삽 자
손 중 하나인) 고레의 아들 므셀레먀와 므셀레먀
의 맏아들 스가랴, 그 아래로 여디야엘, 스바댜, 야드니엘,
엘람, 여호하난, 엘여호에내 이렇게 일곱 아들이 있었다. 오
벳에돔의 아들로는 맏아들 스마야, 그 아래로 여호사밧, 요
아, 사갈, 느다넬, 암미엘, 잇사갈, 브울래대가 있었다. 하
나님께서 그에게 여덟 아들의 복을 주셨다. 그의 아들인 스
마야의 아들들인 오드니, 르바엘, 오벳, 엘사밧은 가문의 탁
월한 지도자가 되었고, 그의 친족 엘리후와 스마갸 또한 출
중했다. 이들 모두 오벳에돔의 자손으로 탁월하고 유능했으
며, 그 수는 예순두 명이었다. 므셀레먀의 아들과 친족 열여
덟 명도 훌륭했다. 므라리의 자손인 호사의 아들들은 시므
리(그는 맏아들이 아니었지만 아버지가 그를 맏아들로 삼았다),
그 다음은 힐기야, 그 뒤로는 드발리야, 스가랴였다. 호사
가문은 모두 열세 명이었다.
12-16 조상의 전통을 이어받은 이들 문지기들은 지도자들의
감독 아래 하나님의 성전 치안을 책임졌다. 이들은 각 가문
의 지명도와 관계없이 똑같이 제비를 뽑아 각자 맡을 구역
을 배정받았다. 셀레먀는 동문에 배정되었고, 참모이자 통
찰력 있는 그의 아들 스가랴는 북문을 제비 뽑았다. 오벳에
돔은 남문을 제비 뽑았고, 그의 아들들은 창고 근무를 제비
뽑았다. 숩빔과 호사는 서문과 큰길가에 있는 살래겟 문에

배치되었다.
16-18 문지기들은 나란히 서서 지켰다. 동문에는 하루에 레위
인 여섯 명, 북문과 남문에는 하루에 네 명, 창고에는 한 번
에 두 명이 배치되었다. 출입이 자유로운 서쪽 뜰에는 길에
네 명, 뜰에 두 명이 배치되었다.
19 이들은 고라 자손과 므라리 자손의 문지기들이다.

재무: 회계와 장부정리

20-22 하나님의 성전 재무는 다른 레위인들이 맡았다. (모두
게르손 자손인) 라단 가문에서는 여히엘리와 그의 아들들,
곧 스담과 그의 동생 요엘이 있었다. 이들은 **하나님**의 성전
재정을 감독했다.
23-28 아므람 자손, 이스할 자손, 헤브론 자손, 웃시엘 자손
에서는 모세의 아들인 게르솜 자손 수바엘이 최고 재무책임
자로 일했다. 수바엘의 형제인 엘리에셀의 친족으로는 엘리
에셀의 아들 르하뱌, 그 아들 여사야, 그 아들 요람, 그 아들
시그리, 그 아들 슬로밋이 있다. 슬로밋과 그의 친족은 다윗
왕과 각 가문의 우두머리와 여러 군지휘관들이 구별해 바친
귀중품을 맡았다. 이들은 전에 전쟁에서 얻은 전리품을 **하
나님**을 예배하는 일에 바쳤다. 아울러 선견자 사무엘과 기
스의 아들 사울과 넬의 아들 아브넬과 스루야의 아들 요압
이 바친 모든 것, 그들이 그때까지 바친 모든 헌물을 슬로밋
과 그 집안이 관리했다.

29-30 이스할 자손의 가문에서는, 예배와 성전 직무 외의 일
들을 책임지는 관리와 재판관으로 그나냐와 그의 아들들이
임명되었다. 헤브론 자손의 가문에서는 하사뱌와 그의 친
족—자격을 갖춘 1,700명—이 요단 강 서쪽 영토를 관할하
는 일과 **하나님**을 예배하는 일에 관련된 모든 행정을 책임
졌다.
31-32 헤브론 자손의 족보에 따르면, 여리야가 그들의 우두
머리였다. 다윗 왕은 재위 사십년(곧 마지막 해)이 되던 해
에 헤브론의 족보를 살펴, 길르앗의 야스엘에서 탁월한
사람들을 찾아냈다, 여리야와 그의 친족 2,700명이었다.
다윗 왕은 그들에게 요단 강 동쪽 영토—르우벤 지파, 갓
지파, 므낫세 반쪽 지파—를 관할하는 일과 하나님을 예
배하는 일에 관련된 모든 행정을 맡겼다.

군대 조직

27

1 이스라엘 자손 가운데서 각 지파의 족장과 군
지휘관과 군과 관련된 모든 일로 왕을 섬긴 관
리들의 이름은 이러하다. 그들은 한 달씩 번갈아 가며 일 년
열두 달 동안 임무를 수행했다. 각 부대는 24,000명으로 구
성되었다.
2-3 첫째 달에 복무할 부대는 삽디엘의 아들 야소브암이 맡
아 24,000명을 거느렸다. 그는 베레스의 자손으로 첫째 달
동안 모든 군지휘관을 이끌었다.

4 둘째 달에 복무할 부대는 아호아 사람 도대가 맡아
24,000명을 거느렸다. 미글롯이 부대의 지도자였다.
5-6 셋째 달에 복무할 부대의 지휘관은 제사장 여호야다의
아들 브나야로 24,000명을 거느렸다. 이 사람이 바로 삼십
인 중의 용장이자 우두머리인 브나야였다. 그의 아들 암미
사밧이 부대를 맡았다.
7 넷째 달에 복무할 부대의 지휘관은 요압의 동생 아사헬로
그의 아들 스바댜가 그의 뒤를 이어 24,000명을 거느렸다.
8 다섯째 달에 복무할 부대의 지휘관은 이스라 사람 삼훗으
로 24,000명을 거느렸다.
9 여섯째 달에 복무할 부대의 지휘관은 드고아 사람 익게스
의 아들 이라로 24,000명을 거느렸다.
10 일곱째 달에 복무할 부대의 지휘관은 에브라임 자손인 발
론 사람 헬레스로 24,000명을 거느렸다.
11 여덟째 달에 복무할 부대의 지휘관은 세라 자손인 후사
사람 십브개로 24,000명을 거느렸다.
12 아홉째 달에 복무할 부대의 지휘관은 베냐민 자손인 아나
돗 사람 아비에셀로 24,000명을 거느렸다.
13 열째 달에 복무할 부대의 지휘관은 세라 자손인 느도바
사람 마하래로 24,000명을 거느렸다.
14 열한째 달에 복무할 부대의 지휘관은 에브라임 자손인 비
라돈 사람 브나야로 24,000명을 거느렸다.
15 열두째 달에 복무할 부대의 지휘관은 옷니엘 가문인 느도

바 사람 헬대로 24,000명을 거느렸다.

각 지파의 행정관

16-22 각 지파의 행정 업무를 맡은 행정관들은 이러하다.
르우벤 지파에는 시그리의 아들 엘리에셀
시므온 지파에는 마아가의 아들 스바댜
레위 지파에는 그무엘의 아들 하사뱌
아론 지파에는 사독
유다 지파에는 다윗의 형 엘리후
잇사갈 지파에는 미가엘의 아들 오므리
스불론 지파에는 오바댜의 아들 이스마야
납달리 지파에는 아스리엘의 아들 여리못
에브라임 지파에는 아사시야의 아들 호세아
므낫세 반쪽 지파에는 브다야의 아들 요엘
길르앗의 므낫세 반쪽 지파에는 스가랴의 아들 잇도
베냐민 지파에는 아브넬의 아들 야아시엘
단 지파에는 여로함의 아들 아사렐.
이들은 이스라엘 각 지파에 임명된 행정관들이다.
23-24 다윗은 스무 살 미만의 사람들 수는 세지 않았는데, 그
것은 하나님께서 전에 하늘의 별처럼 많은 인구를 이스라엘
에 주시기로 약속하셨기 때문이다. 스루야의 아들 요압이
인구조사를 시작했으나, 그 일로 하나님께서 이스라엘에 진
노를 발하셔서 끝마치지 못했다. 그래서 결국 그 숫자는 다

윗 왕의 실록에 기록되지 못했다.

왕실 재산 관리자

25 아디엘의 아들 아스마웻은 왕의 창고 시설을 감독했다.
웃시야의 아들 요나단은 외곽 지역의 창고를 책임졌다.
26 글룹의 아들 에스리는 농장의 농부들을 관리했다.
27 라마 사람 시므이는 포도원을 맡고, 스밤 사람 삽디는 포
도주 통에 담을 포도를 맡았다.
28 게델 사람 바알하난은 서쪽 산지의 올리브나무와 뽕나무
를 맡고, 요아스는 올리브기름을 맡았다.
29 샤론 사람 시드래는 샤론에서 풀을 뜯는 소 떼를 맡고, 아
들래의 아들 사밧은 골짜기의 소 떼를 맡았다.
30-31 이스마엘 사람 오빌은 낙타를 맡고, 메로놋 사람 예드
야는 나귀를 맡았으며, 하갈 사람 야시스는 양 떼를 맡았다.
이들은 다윗 왕의 재산 관리를 책임진 사람들이다.

다윗의 참모들

32 다윗의 숙부이자 지혜롭고 박식한 참모인 요나단과 학모
니의 아들 여히엘은, 왕자들을 양육하는 책임을 맡았다.
33-34 아히도벨은 왕의 참모였고, 아렉 사람 후새는 왕의 친
구였다. 나중에 브나야의 아들 여호야다와 아비아달이 아히
도벨의 뒤를 이었다.
요압은 왕의 군사령관이었다.

다윗의 고별 연설

28 1 다윗은 이스라엘의 모든 지도자—각 지파의 행정관, 여러 정부 부처의 책임자, 군지휘관, 왕과 왕자들 소유의 재산과 가축을 맡은 관리인 등 나랏일을 맡은 모든 사람—를 불러 모았다.

2-7 다윗 왕이 일어나서 이렇게 말했다. "나의 백성들이여, 내 말을 들으십시오. 나는 **하나님**의 언약궤, 곧 하나님의 발받침대를 영구히 둘 성전을 짓기를 간절히 원했습니다. 그래서 모든 준비를 다 마쳤으나 하나님께서 말씀하셨습니다. '너는 나를 높일 집을 지을 수 없다. 너는 너무 많이 싸웠고 너무 많은 사람을 죽였다.' **하나님**께서는 내 집안에서 나를 택하시고 영원히 이스라엘의 왕이 되게 하셨습니다. 먼저 그분은 유다 지파를 지도자로 택하셨고, 그런 다음 내 집안을, 마지막으로 내 아버지의 아들들 중에서 나를 택하셔서 즐거이 온 이스라엘의 왕으로 삼으셨습니다. 그 다음에 내 모든 아들 중에서—**하나님**께서 내게 아들을 많이 주셨습니다!—솔로몬을 택하시고 **하나님**께서 통치하시는 이스라엘의 왕위에 앉히셨습니다. 그리고 이렇게 말씀하셨습니다. '네 아들 솔로몬이 내 집과 내 뜰을 지을 것이다. 내가 그를 택하여 내 귀한 양자로 삼았으니 나는 그에게 아버지가 될 것이다. 그가 계속해서 한결같은 마음으로 내 명령을 행하고 지금처럼 내 결정들을 힘써 지키면, 나는 그의 나라가 영원히 지속되게 할 것이다.'

8 이제 여러분은 온 이스라엘이 지켜보고 하나님께서 들으
시는 이 공적인 장소에서, **하나님**의 백성으로 **하나님**의 계
명을 마지막 하나까지 살피고 순종하십시오. 그러면 이 좋
은 땅에서 삶을 마음껏 누리고 이 땅을 여러분의 자손에게
흠 없이 물려주어, 그들에게 복된 미래를 보증할 수 있을 것
입니다.
9-10 그리고 나의 아들 솔로몬아, 너는 네 아버지의 하나님을
바로 알고 온 마음과 뜻을 다해 그분을 섬겨라. **하나님**께서
는 마음을 살피시고 그 모든 중심을 꿰뚫어 보신다. 네가 그
분을 구하면, 반드시 너를 만나 주실 것이다. 그러나 네가
그분을 버리면, 그분도 너를 영원히 떠나실 것이다. 이제 잘
들어라! **하나님**께서 너를 택하셔서 그분의 거룩한 집을 짓
게 하셨다. 용기를 내고 마음을 굳게 먹어라! 그것을 시행하
여라!"
11-19 그러고 나서 다윗은 성전의 현관과 창고와 집회소와 속
죄 제물을 바칠 장소의 설계도를 아들 솔로몬에게 건네주었
다. 하나님의 영이 머릿속에 떠오르게 하신 모든 것, 곧 안
뜰의 구도와 주위 모든 방의 배치, 모든 거룩한 물건을 보관
할 창고의 설계도도 넘겨주었다. 또한 레위인과 제사장들을
조직하여 하나님의 집에서 예배를 인도하고 주관하게 할 계
획과 함께, 예배에 사용하는 기구들을 관리할 계획을 그에
게 알려 주었다. 금은 등잔대와 등잔, 거룩하게 구별된 빵을
차릴 상, 금갈고리와 대접과 병, 분향단 등 예배에 사용할

각 기구에 금과 은이 얼마나 필요한지에 대해서도 구체적으
로 일러 주었다. 그는 또 **하나님**의 언약궤—그룹 보좌—위
로 날개를 펼친 그룹들을 조각할 도면도 주었다. 다윗은 "**하
나님**께서 내게 주신 전체 청사진이 여기 있다" 하고 말했다.
20-21 다윗은 계속해서 솔로몬에게 말했다. "담대하게 일을
해나가거라! 걱정하거나 낙심하지 마라. **하나님** 나의 하나
님께서 이 일에 너와 함께 계신다. 그분은 곤경에 처한 너를
두고 떠나지 않으실 것이다. 네가 **하나님**께 예배 드릴 수 있
도록 마지막 세부 사항이 완성되기까지 네 곁에 함께 계실
것이다. 모든 제사장과 레위인들이 도울 준비를 마쳤고, 숙
련된 기술자와 장인들도 일할 준비가 되어 있다. 지도자와
백성도 모두 준비되었다. 이제 명령만 하여라."

성전 건축에 쓸 예물

29 1-5 다윗 왕이 회중에게 말했다. "하나님께서
내 아들 솔로몬을 택하셔서 이 일을 행하게 하
셨습니다. 그러나 그는 어리고 경험이 없으며, 이것은 너
무도 큰일입니다. 이 성전은 그저 사람들이 만나는 장소
가 아니라 **하나님**께서 우리를 만나 주시는 집입니다. 나
는 내 하나님을 위해 이 집을 짓고자 최선을 다해 모든 것
을 준비했습니다. 금과 은, 청동, 철, 재목, 각양각색의 보
석과 건축용 석재 등 필요한 모든 자재를 산더미처럼 준비
해 두었습니다. 더욱이 내 마음이 이 일을 간절히 원하므

로, 내게 있는 금과 은도 내 하나님을 위한 예배 처소를 짓
는 데 바치겠습니다. 오빌에서 난 최상품 금 3,000달란트
(약 113톤)와 은 7,000달란트(214톤)입니다. 이것으로 성
전 벽을 입히고, 기술자와 장인들이 각종 금과 은으로 작
업하는 데 쓸 것입니다.
이제 여러분은 어떻습니까? 여러분 가운데 자원하여 기꺼
이 나와 함께 바칠 사람이 있습니까?"
6-8 그러자 각 가문의 족장과 이스라엘 각 지파의 지도자와
군지휘관과 왕의 사무를 맡은 관리자들이 자원하여 기꺼이
바쳤다. 그들은 금 5,000달란트(188톤)와 금 10,000다릭
(83.9킬로그램), 은 10,000달란트(377톤), 청동 18,000달란
트(679톤), 철 100,000달란트(3,775톤)를 바쳤다. 보석을
가진 사람은 게르손 사람 여히엘의 관리 아래 하나님의 성
전 보물 보관소로 가져다 바쳤다.
9 백성은 그들이 바친 모든 것으로 기뻐하며 환호했다! 모두
가 자원해서, 아낌없이 바친 물건이었다! 다윗 왕도 크게 기
뻐했다.
10-13 다윗은 온 회중 앞에서 **하나님**을 찬양했다.

우리 조상 이스라엘의 **하나님**,
옛적부터 영원까지 찬양받으소서.
오 **하나님**, 위대하심과 능력,
영광과 승리와 위엄과 영화가 모두 주의 것입니다.

그렇습니다! 하늘과 땅의 모든 것, 모든 나라가 주의 것
입니다!
주께서 친히 모든 것 위에 높아지셨습니다.
부귀와 영광이 주께로부터 나오며
주께서 모든 것을 다스리십니다.
그 손안의 힘과 능력으로
모든 것을 세우시고 강하게 하십니다.
오 하나님, 우리 하나님, 이제 우리가 주께 감사하며
주의 영화로운 이름을 찬송합니다.

14-19 "제가 누구이며 이 백성이 누구이기에, 우리가 감히 주
께 그 무엇을 바칠 수 있겠습니까? 모든 것이 주께로부터
옵니다. 다만 우리는 주의 넉넉하신 손에서 받은 것을 돌려
드릴 뿐입니다. 주님 보시기에 우리는, 우리 조상들처럼 집
없고 힘없는 방랑자에 불과하며, 우리의 삶은 그림자와 같
이 보잘것없습니다. **하나님** 우리 하나님, 이 모든 자재—주
님의 거룩하신 이름을 높이고 예배 드릴 처소를 짓기 위한
물건들—는 다 주께로부터 왔습니다! 처음부터 다 주님의
것이었습니다! 사랑하는 하나님, 주께서는 겉모습에 전혀
관심이 없으시고 우리 자신, 우리의 참된 마음을 원하시는
것을 잘 압니다. 그래서 제가 마음으로부터 정직하고 기쁘
게 바쳤습니다. 이 백성도 똑같이 자원하여 아낌없이 바치
는 것을 보십시오. 얼마나 기쁜 일입니까! **하나님** 우리 조상

아브라함과 이삭과 이스라엘의 하나님, 아낌없이 드리는 이
마음이 이 백성 안에 영원히 살아 있게 하시고, 이들의 마음
이 주께만 머물게 하십시오. 제 아들 솔로몬에게 흐트러짐
없는 굳건한 마음을 주셔서, 주님의 명령에 순종하고 주님
의 지침과 권고대로 살아가게 하시며, 제가 준비한 성전 건
축을 완수하게 해주십시오."
20 그러고 나서 다윗은 회중에게 말했다. "**하나님** 여러분의
하나님을 찬양하십시오!" 그러자 그들은 **하나님** 그들 조상
의 하나님을 찬양하고, **하나님**과 왕 앞에서 경건하게 예배
했다.
21-22 이튿날 그들은 희생 제물로 바칠 짐승을 잡았다. 수소
천 마리, 숫양 천 마리, 양 천 마리, 부어 드리는 제물 등 많
은 제물을 준비하여 하나님께 바쳤다. 그들은 기쁨에 넘쳐
온종일 잔치를 벌이며 **하나님** 앞에서 먹고 마셨다.
22-25 그 후에 그들은 솔로몬의 대관식을 다시 거행했는데,
하나님 앞에서 다윗의 아들에게 기름을 부어 그들의 지도
자로 삼고, 사독에게 기름을 부어 제사장으로 세웠다. 솔로
몬은 아버지 다윗의 뒤를 이어 **하나님**께서 허락하신 왕위
에 앉아 왕이 되었다. 그가 하는 모든 일이 잘되었으므로,
온 이스라엘이 그에게 순종했다. 다윗 왕의 모든 아들을 포
함한 백성의 지도자들이 솔로몬을 그들의 왕으로 인정하고
충성을 맹세했다. 솔로몬에게 쏟아진 대중의 갈채는 절정에
달했다. 모든 것이 **하나님**께서 행하신 일이었다. **하나님**께

서는 과거 이스라엘의 어떤 왕도 누리지 못한 지위와 명예를 그에게 주셨다.

26-30 이새의 아들 다윗은 온 이스라엘의 왕이 되어 사십 년 동안 다스렸다. 그는 헤브론에서 칠 년, 예루살렘에서 삼십삼 년을 다스렸다. 그는 부와 영광과 장수를 누리다가 수를 다하고 죽었다. 다윗 왕의 역사는 선견자 사무엘, 예언자 나단, 선견자 갓의 연대기에 처음부터 끝까지 다 기록되어 있나. 그의 통치와 업적, 그와 이스라엘과 주변 나라들이 겪은 당대의 역사가 그 안에 상세히 기록되어 있다.

역대하

솔로몬이 지혜를 구하다

1 [1-6] 다윗의 아들 솔로몬은 왕위를 튼튼히 굳혔다. **하
나님**께서 그와 함께 계시며 그에게 큰 도움을 베풀어
주셨다. 솔로몬은 온 이스라엘, 곧 군지휘관과 재판관과 모
든 지도자와 족장을 불러서, 그들과 함께 기브온의 예배 처
소로 갔다. **하나님**의 종 모세가 광야에서 만든 하나님의 회
막이 바로 그곳에 있었다. 그러나 하나님의 궤는 예루살렘
에 있었다. 전에 다윗이 궤를 둘 특별한 곳을 마련하여 장막
을 치고, 기럇여아림에서 그 궤를 예루살렘으로 옮겨 두었
기 때문이다. 그러나 훌의 손자요 우리의 아들인 브살렐이
만든 청동제단은 기브온에 있는 **하나님**의 성막 앞에 있었
다. 솔로몬과 회중은 그곳에 모여 기도했다. 솔로몬은 회막

앞 청동제단에서 하나님을 예배했다. 그는 그 제단 위에 번
제물 천 마리를 바쳤다.
7 그날 밤 하나님께서 솔로몬에게 나타나 말씀하셨다. "나
에게 무엇을 원하느냐? 구하여라."
8-10 솔로몬이 대답했다. "주께서는 제 아버지 다윗에게 더
할 나위 없이 너그러우셨고, 이제 그를 대신하여 저를 왕으
로 삼으셨습니다. 하나님, 주께서 제 아버지에게 하신 말씀
을 확증해 주십시오. 주께서 이 백성을 다스리는 엄청난 일
을 제게 맡기셨으니, 제가 이 백성 사이를 오갈 때에 저에게
지혜와 지식을 주십시오. 주님의 영화로운 백성을 어느 누
가 자기 힘으로 다스릴 수 있겠습니까?"
11-12 하나님께서 솔로몬에게 대답하셨다. "그것이 네 마음
의 소원이로구나. 너는 부나 재물이나 명예나 원수의 멸망
을 구하지 않았고, 오래 살기를 구하지도 않았다. 내가 너를
내 백성의 왕으로 삼았더니, 너는 그들을 잘 통치할 수 있도
록 지혜와 지식을 구했다. 그러므로 나는 네가 구한 대로 지
혜와 지식을 네게 줄 것이다. 또한 나머지도 네게 덤으로 줄
것이다. 네 앞의 어떤 왕도 누린 적 없고 네 뒤의 어떤 왕도
누리지 못할 부와 재물과 명예를 줄 것이다."
13 그 후에 솔로몬은 기브온의 예배 처소와 회막을 떠나 예루
살렘으로 갔다. 그는 이스라엘의 왕으로 다스리기 시작했다.
14-17 솔로몬은 전차와 말을 모았다. 그가 모은 전차가 천사
백 대, 말이 만이천 마리였다! 그는 그 말들을 예루살렘뿐

아니라 전차가 주둔해 있는 특별 성읍들에도 두었다. 왕 덕분에 은과 금이 돌처럼 흔했고, 백향목도 낮은 산지의 무화과나무만큼이나 흔했다. 왕이 타는 말은 이집트와 실리시아에서 들여왔는데, 특별히 왕의 중개인들이 매입했다. 이집트에서 들여온 전차는 은 6.8킬로그램, 말은 은 1.7킬로그램에 거래되었다. 솔로몬은 헷과 아람 왕실을 상대로 말 무역업을 벌여 호황을 누렸다.

2

1 솔로몬은 **하나님**을 높이는 예배 처소와 자신을 위
한 왕궁을 건축하도록 명령했다.
2 그는 막일꾼 칠만 명, 산에서 채석할 일꾼 팔만 명, 노역
책임자 삼천육백 명을 임명했다.
3-4 이어서 솔로몬은 두로의 히람 왕에게 메시지를 보냈다.
"왕께서 왕궁 건축을 위해 내 아버지 다윗에게 보냈던 것과
같은 백향목 재목을 내게 보내 주십시오. 나는 **하나님**을 높
이는 예배 처소를 지으려고 합니다. 그곳은 향기로운 향을
피우고, 거룩한 빵을 차리고, 아침과 저녁 예배 때 번제를
드리며, 안식일과 초하루와 거룩한 날에 예배를 드릴 거룩
한 곳입니다. 이것은 이스라엘이 반드시 지켜야 하는 예배
입니다.
5-10 우리 하나님은 다른 어떤 신보다 뛰어난 하나님이시니,
내가 지으려는 성전도 가장 뛰어나야 합니다. 하지만 누가

능히 그런 건물을 지을 수 있겠습니까? 하늘이라도, 온 우주라도 그분을 담을 수 없습니다! 하물며, 내가 감히 누구라고 하나님께 합당한 집을 지어 드릴 수 있겠습니까? 나는 그저 그분께 향을 피우는 일이나 할 수 있을 뿐입니다! 왕의 도움이 필요합니다. 금, 은, 청동, 철을 다룰 줄 알고, 자주색과 홍색과 청색 천을 짤 줄 알며, 조각도 할 줄 아는 장인 한 명을 내게 보내 주십시오. 내 아버지가 준비해 둔 유다와 예루살렘의 숙련된 장인들을 그가 감독할 것입니다. 또 레바논의 백향목, 잣나무, 백단목 재목을 보내 주십시오. 레바논 숲에서 경험을 쌓은 벌목꾼들이 왕께 많이 있음을 내가 잘 알고 있습니다. 나도 일꾼들을 보내어 왕의 인부들과 함께 재목을 베게 하겠습니다. 눈부시게 아름다운 건물, 당당하게 내보일 성전을 지으려면 재목이 많이 필요합니다! 나무를 베고 운반할 왕의 인부들에게 필요한 양식은 내가 모두 대겠습니다. 밀 4,400킬로리터, 포도주 440킬로리터, 올리브기름 440킬로리터를 인부들에게 주겠습니다."

11 두로 왕 히람이 솔로몬에게 답신을 썼다. "**하나님**께서 그
분의 백성을 사랑하시는 것이 분명합니다. 당신을 그들의
왕으로 삼으셨으니 말입니다!"

12-14 그는 계속해서 이렇게 썼다. "하늘과 땅을 지으신 하나
님, 다윗 왕에게 이처럼 지혜롭고 총명하고 통찰력 있는 아
들을 주셔서 **하나님**의 성전과 그의 왕궁을 짓게 하신 이스
라엘의 **하나님**을 찬양합니다. 내가 건축 일을 속속들이 아

는 전문가 후람아비를 왕께 보냈습니다. 그는 지금 그곳으
로 향하고 있습니다. 그의 어머니는 단 사람이고 아버지는
두로 사람입니다. 그는 금, 은, 청동, 철, 돌, 나무를 다룰 줄
알고, 자주색과 청색 천과 홍색 직물을 짤 줄 아는 사람입니
다. 그는 또한 전문 조각가이며, 왕의 장인과 건축가들뿐 아
니라 왕의 아버지요 내 주인이신 다윗의 장인과 건축가들과
도 함께 문양을 만들어 낼 만한 유능한 사람입니다.
15-16 내 작업 인부들을 위해 왕께서 약속하신 밀, 보리, 올리
브기름, 포도주를 보내 주십시오. 우리가 왕께 필요한 재목
을 레바논 숲에서 베어 욥바까지 뗏목으로 나르겠습니다.
재목을 예루살렘으로 운반하는 일은 그쪽에서 해야 할 것입
니다."
17-18 솔로몬은 전에 아버지가 했던 것과 같은 방법으로, 이
스라엘에 살고 있는 모든 외국인의 인구를 조사했다. 그 수
가 모두 153,600명이었다. 그는 그 가운데 70,000명은 막
일꾼으로, 80,000명은 산에서 채석하는 일꾼으로, 그리고
3,600명은 노역 책임자로 임명했다.

성전 건축을 시작하다

3 1-4 솔로몬은 예루살렘의 모리아 산, 곧 **하나님**께
서 그의 아버지 다윗에게 나타나셨던 곳에 **하나님**
의 성전을 짓기 시작했다. 정확한 위치는 여부스 사람 아
라우나의 타작마당이었는데, 다윗이 미리 정해 둔 곳이었

다. 성전을 짓기 시작한 때는, 솔로몬이 왕위에 오른 지
사 년째 되는 해 둘째 달 이일이었다. 솔로몬이 정한 하나
님의 성전 규모는 길이 27미터, 너비 9미터였다. 앞쪽 현
관의 폭은 건물 너비와 같이 9미터였고 높이도 9미터였다.
4-7 성전 내부에는 금을 입혔다. 또 본당에 잣나무 널판지를
대고 순금을 입힌 뒤 그 위에 종려나무와 사슬 문양을 새겼
다. 그리고 보석과 바르와임에서 난 금으로 건물을 장식했
다. 들보, 문지방, 벽, 문 등 모든 것에 금박을 입혔다. 벽에
는 그룹을 새겼다.
8-9 그는 또 지성소를 지었는데, 길이, 너비, 높이가 모두 9
미터인 정육면체가 되게 만들었다. 그리고 금 600달란트
(22톤가량)를 입혔다. 금못의 무게는 50세겔(0.6킬로그램가
량)이었다. 다락방에도 금을 입혔다.
10-13 그는 지성소에 놓을 거대한 천사 형상의 그룹 조각상
들을 만들어 금을 입혔다. 나란히 선 두 그룹의 날개 길이를
합하면(각 날개는 2.25미터) 벽에서 벽까지 9미터에 달했다.
그룹은 본당 쪽을 향하여 똑바로 서 있었다.
14 또 청색과 자주색과 홍색 천으로 휘장을 만들고, 그 안에
그룹 문양을 수놓았다.
15-17 그리고 따로 세울 거대한 기둥 두 개를 만들었는데, 각
각 높이가 15.75미터에 기둥머리만 2.25미터였다. 각 기둥
의 꼭대기는 정교한 사슬 세공으로 목걸이처럼 장식했고,
그 사슬들에는 석류 모양 백 개를 달았다. 두 기둥은 성전

앞에 세웠는데, 하나는 오른쪽에 다른 하나는 왼쪽에 세웠
다. 오른쪽 기둥은 야긴(안전)이라 하고 왼쪽 기둥은 보아스
(안정)라 했다.

성전 기구들

4 1 솔로몬은 길이 9미터, 너비 9미터, 높이 3미터의
청동제단을 만들었다.
2-5 그 다음 바다를 만들었다. 바다는 금속을 주조해 만든 거
대한 둥근 대야로, 지름 4.5미터, 높이 2.25미터, 둘레 13.5
미터였다. 가장자리 아래에 평행하게 두 줄로 황소처럼 생
긴 형상을 둘렀는데, 45센티미터마다 열 마리씩이었다. 그
형상은 바다와 함께 한 덩어리로 주조해 만들었다. 열두 마
리 황소가 바다를 떠받치고 있는데, 세 마리는 북쪽을 향하
고 세 마리는 서쪽을 향하고 세 마리는 남쪽을 향하고 세 마
리는 동쪽을 향했다. 황소는 모두 얼굴을 바깥쪽으로 향하
고 뒤쪽 몸으로 바다를 떠받쳤다. 바다의 두께는 8센티미터
였고, 가장자리는 잔이나 백합꽃처럼 벌어져 있었다. 그 용
량은 66킬로리터 정도 되었다.
6 또 대야 열 개를 만들어 다섯 개는 오른쪽에 두고 다섯 개
는 왼쪽에 두었는데, 이는 번제를 드릴 때 쓰는 기물들을 씻
는 데 사용했다. 제사장들은 바다에서 몸을 씻었다.
7 솔로몬은 정해진 문양대로 등잔대 열 개를 만들어, 다섯
개는 오른쪽에 두고 다섯 개는 왼쪽에 두었다.

8 또 상 열 개를 만들어, 다섯 개는 오른쪽에 두고 다섯 개는
왼쪽에 두었다. 금대접도 백 개를 만들었다.
9 그는 또 특별히 제사장을 위해 뜰을 만들고, 이어서 큰 뜰
과 뜰로 통하는 문을 만들었다. 문에는 청동을 입혔다.
10 바다는 성전 오른편 남동쪽 모퉁이에 두었다.
11-16 들통, 부삽, 대접도 만들었다.
이렇게 해서 일이 마무리되었다. 후람은 솔로몬 왕에게 약
속한 일을 모두 마쳤다.

기둥 둘
기둥 꼭대기에 얹은 대접 모양의 기둥머리 둘
기둥머리의 장식용 세공물 둘
두 세공물에 달린 석류 모양 사백 개(각 세공물마다 겹줄의 석류)
세면대 열 개와 거기에 딸린 대야
바다 하나와 그 밑의 황소 열두 마리
그 밖의 들통, 고기 갈고리, 부삽, 대접.

16-18 후람아비가 **하나님**의 성전을 위해 솔로몬 왕에게 만들
어 준 이 모든 기구는 광택이 나는 청동으로 만든 것이었다.
왕은 숙곳과 사르단 사이에 있는 요단 평지의 주물 공장에
서 진흙에 부어 주조하는 방법으로 그것들을 만들게 했다.
이 기구들은 수가 너무 많아서 무게를 달지 않았다! 청동이

얼마나 쓰였는지 아무도 모른다.
19-22 솔로몬은 또 하나님의 성전에서 쓸 가구와 부속물도 만
들었다.

금제단
임재의 빵을 차려 놓는 상
성소 내실, 곧 지성소 앞에 켜 놓을 순금 등잔대와 거기에
딸린 등잔들
금꽃, 등잔, 부젓가락(모두 순금)
금으로 만든 심지 자르는 가위, 대접, 국자, 향로들
금을 입힌 성전 문, 지성소 문, 본당 문.

5 1 이렇게 해서 솔로몬 왕은 **하나님**의 성전과 관련된
모든 일을 끝마쳤다. 그는 아버지 다윗이 바친 거룩
한 예물, 곧 은과 금과 기구들을 가져다가 하나님의 성전 보
물 보관소에 두었다.

언약궤를 성전으로 옮기다

2-3 이 모든 일의 가장 중요한 순서로, 솔로몬은 **하나님**의 언
약궤를 시온에서 옮겨 성전 안에 모시기 위해 모든 지도자,
곧 모든 지파의 대표와 각 가문의 족장들을 예루살렘으로
불러 모았다. 일곱째 달 절기, 곧 초막절에 이스라엘의 모든

사람이 왕 앞에 모였다.
4-6 이스라엘의 모든 지도자가 모이자, 레위인들이 궤를 멨
다. 그들은 궤와 회막과 예배에 쓰는 회막 안의 모든 거룩한
물건을 옮겼다. 레위인 제사장들이 그것들을 옮겼다. 솔로
몬 왕과 이스라엘 온 회중은 궤 앞에서 예배하며 셀 수 없이
많은 양과 소로 제사를 드렸다. 그 수가 너무 많아 자세히
기록할 수 없었다.
7-10 제사장들은 **하나님**의 언약궤를 제자리, 곧 성전 내실의
지성소 안 그룹들의 날개 아래에 가져다 놓았다. 그룹들의
펼친 날개가 궤와 그 채를 덮었다. 채 끝은 아주 길어서 내
실 입구에서 밖으로 튀어나왔는데, 멀리서는 보이지 않았
다. 그 채는 오늘까지 그곳에 있다. 궤 안에는 호렙에서 모
세가 넣어 둔 두 돌판 외에는 아무것도 없었다. 호렙은 **하나
님**께서 이스라엘을 이집트에서 이끌어 내신 뒤에 그들과 언
약을 맺으신 곳이다.
11-13 제사장들이 성소에서 나왔다. 그곳에 들어간 제사장은
서열이나 직무와 관계없이 모두 거룩하게 구별되었다. 음악
을 맡은 레위인 아삽과 헤만과 여두둔과 그들의 가족도 모
두 예배 예복을 입고 함께 자리했다. 찬양대와 악기 연주자
들은 제단 동쪽에 모여 섰고, 제사장 120명이 그 옆에서 나
팔을 불었다. 찬양대의 노랫소리와 나팔소리가 하나가 되어
하나님께 찬양과 감사를 드렸다. 악기 연주자들과 찬양대가
완벽한 조화를 이루어 노래와 연주로 **하나님**을 찬양했다.

하나님은 선하시다!
그분의 신실한 사랑은 영원하시다!

13-14 그러자 **하나님**의 성전에 구름이 가득 찼다. 성전에 가득한 구름—하나님의 영광!—때문에 제사장들이 직무를 수행할 수 없었다.

솔로몬의 기도와 성전 봉헌

6

1-2 그때 솔로몬이 말했다.

하나님께서는 구름 속에 거하겠다고 말씀하셨지만
제가 더없이 훌륭한 성전을 지었으니,
이곳은 주께서 영원히 사실 곳입니다.

3 왕은 모여 있는 회중 쪽으로 돌아서서 그들을 축복했다.
4-6 "내 아버지 다윗에게 친히 말씀하신 **하나님** 이스라엘의
하나님을 찬양합니다. 그분께서 '내 백성 이스라엘을 이집
트에서 이끌어 낸 날부터 오늘까지, 나는 내 이름을 높이
는 성전을 지으려고 이스라엘 지파들 가운데서 한 성읍을
따로 떼어 구별하지 않았고, 지도자가 될 한 사람을 택하
지도 않았다. 그러나 이제 내가 성읍과 사람 모두를 택했
으니, 곧 내 이름을 높일 예루살렘과 내 백성 이스라엘을
다스릴 다윗이다'라고 하신 말씀을 이제 행하셨습니다.

7-9 내 아버지 다윗은 **하나님** 이스라엘의 하나님의 이름을
높이는 성전을 간절히 짓기 원했으나, **하나님**께서는 '네가
나를 높이는 성전을 짓기 원하니, 좋은 일이고 더없이 칭찬
할 만한 일이다! 그러나 그 일을 할 사람은 네가 아니다. 네
왕조를 이을 네 아들이 내 이름을 위해 성전을 지을 것이다'
하고 말씀하셨습니다.
10-11 이제 여러분은 그 약속이 성취된 것을 보고 있습니다.
하나님께서는 말씀하신 대로 행하셨습니다. 내가 내 아버지
다윗의 뒤를 이어 지금 이스라엘을 다스리고 있습니다. 또
나는 **하나님** 이스라엘의 하나님을 높여 드리는 성전을 지었
고, **하나님**의 언약, 곧 그분께서 이스라엘 백성과 맺으신 언
약을 넣은 궤를 둘 자리를 마련했습니다."
12-16 솔로몬은 이스라엘 온 회중이 지켜보는 가운데, **하나님**
의 제단 앞에 자리를 잡고 두 팔을 들어 폈다. 그는 가로와
세로 각각 2.25미터에 높이 1.35미터인 청동연단을 만들어
뜰 안에 두었는데, 바로 그 연단에 올라 온 회중이 보는 앞
에서 무릎을 꿇은 채 하늘을 향해 두 팔을 들고 기도했다.

> **하나님** 이스라엘의 하나님, 위로 하늘이나 아래로 땅 그 어디에도 주와 같은 신이 없습니다. 주의 종들이 주의 길을 따르며 성실하게 살아갈 때, 주께서는 그들과 맺은 언약을 확실히 지키시며 그들을 변함없이 사랑해 주십니다. 주께서는 제 아버지 다윗에게 주신 말씀, 곧 주의 약

속을 지키셨습니다. 작은 것까지 모두 약속하신 대로 행
하셨습니다. 그 증거가 오늘 우리 앞에 있습니다!
하나님 이스라엘의 하나님, 계속 그렇게 해주십시오! 제
아버지 다윗에게 하신 약속, 곧 "네 자손이 주의하여 네
가 내 앞에서 행한 것처럼 순종하여 살면, 네 자손이 항상
이스라엘의 왕위에 앉아 나를 대신해 다스릴 것이다"라
고 하신 그 약속을 계속해서 지켜 주십시오.

17 **하나님** 이스라엘의 하나님, 이 모든 것이 이루어지게
해주십시오.
확실하게 증명해 주십시오!

18-21 하나님께서 참으로 우리가 사는 곳에 오셔서 거하시
겠습니까? 우주조차도 주께서 편히 숨 쉴 만큼 넓지 못한
데, 제가 지은 이 성전이야 더 말할 것도 없습니다. 그러
할지라도 담대히 구합니다. **하나님** 나의 하나님, 제가 드
리는 중보기도와 간구에 귀를 기울여 주십시오. 지금 주
앞에 아뢰는 이 뜨겁고 진실한 기도를 들어주십시오. 주
께서 주의 이름으로 존귀하게 하겠다고 약속하신 이곳,
이 성전을 밤낮으로 지켜보시고, 제가 이곳에서 드리는
기도를 들어주십시오. 또 주님의 백성 이스라엘이 이곳에
서 기도할 때 그들의 말에 귀 기울여 주십시오.

주께서는 주님 계신 곳 하늘에서 들으시고
들으실 때 용서해 주십시오.

22 이웃에게 해를 끼친 사람이 잘못을 바로잡기로 약속하
고 이 성전 안에 있는 주님의 제단 앞에 나와 그 약속을
아뢰면,

23 주께서는 하늘에서 들으시고 행하시되
주님의 종들을 판결하셔서 가해자는 그 대가를 치르게 하
시고
피해자는 모든 혐의를 벗도록
무죄를 선고해 주십시오.

24-25 주님의 백성 이스라엘이 주께 죄를 지어 적에게 패할
때라도 주께 돌이켜 이 성전에서 간절하고 진실한 기도로
주님의 통치를 인정하면,

주께서는 주님 계신 곳 하늘에서 들으시고
주님의 백성 이스라엘의 죄를 용서하시며
주께서 그들과 그들 조상에게 주신 땅으로 돌아오게 해주
십시오.

26-27 주님의 백성이 주께 죄를 지어서 하늘이 마르고 비가

오지 않을 때, 주께 벌을 받은 그들이 이곳에서 기도하며
주님의 통치를 인정하고 그 죄를 멈추면,
주께서는 주님 계신 곳 하늘에서 들으시고
주님의 종, 주님의 백성 이스라엘의 죄를 용서해 주십시오.
그들과 다시 시작해 주십시오.
그들을 가르쳐 바르게 살게 하시고
주님의 백성에게 유산으로 주신 이 땅에
비를 내려 주십시오.

28-31 기근이나 재해, 흉작이나 질병, 메뚜기 떼나 병충해 같은 재앙이 닥치거나 원수가 요새로 쳐들어와 온갖 재난이 닥칠 때, 주님의 백성 이스라엘 가운데 누구라도 재앙이 일어났음을 깨닫고 이 성전을 향해 손과 팔을 들어 도움을 구하는 기도를 드리면,

주께서는 주님 계신 곳 하늘에서 들으시고
우리를 용서하시며 우리에게 보상해 주십시오.
주께서는 각 사람의 마음을 아시니
(오직 주님만이 사람의 속마음을 아십니다!)
각 사람이 살아온 대로, 처한 형편에 따라 보상해 주십시오.
그리하면 주께서 우리 조상에게 주신 이 땅에서 사는 동안, 그들이
주님을 경외하고 믿고 순종하게 될 것입니다.

32 주님의 백성 이스라엘에 속하지 않지만 주님의 명성을
듣고 먼 나라에서 온 외국인들도 기억해 주십시오. 그들
은 분명 주님의 큰 명성을 듣고 기적을 행하시는 주님의
능력에 이끌려 이 성전에 나와 기도할 것입니다.

33 주께서는 주님 계신 곳 하늘에서 들으시고
그 외국인들이 드리는 기도에 응답해 주십시오.
그러면 주님이 누구시며 어떤 분이신지
온 세상 사람들이 알게 될 것이고,
주님의 백성 이스라엘처럼
주님을 경외하고 순종하며 살게 될 것입니다.
또한 그들은 주께서 제가 지은 이곳을 친히
성전으로 여기신다는 것을 알게 될 것입니다.

34-35 주님의 백성이 주님의 때에 주님이 보내시는 곳으로
가서 적과 싸울 때에, 주님이 택하신 이 성읍과 제가 주님
의 이름을 위해 지은 이 성전을 향해 기도하면,

주께서는 그들이 기도하고 구하는 것을 하늘에서 들으시고
그들의 형편에 맞게 행하여 주십시오.

36-39 그들이 주께 죄를 지어—죄가 없는 사람은 아무도
없으니 그들도 분명히 죄를 지을 것입니다!—주의 진노

를 사서 원수의 손에 넘겨져 멀든 가깝든 원수의 나라에 포로로 잡혀갈지라도, 그 나라에서 회개하고 포로생활 중에 마음을 돌이켜 "우리가 죄를 지었습니다. 잘못을 저질렀습니다. 사악한 짓을 행했습니다"라고 고백하면, 또한 원수의 땅에서 마음을 다해 주께로 돌이키며 주님이 그들 조상에게 주신 고향 땅과 주님이 택하신 이 성읍과 제가 주님의 이름을 위해 지은 이 성전을 향해 기도하면,

주께서는 그들의 간절하고 진실한 기도를
주님 계신 곳 하늘에서 들으시고
그들에게 가장 좋은 것을 행하여 주십시오.
주께 죄를 지은 주님의 백성을 용서해 주십시오.

40 사랑하는 하나님, 이곳에서 드리는 모든 기도에 늘 귀기울여 주십시오.

41-42 **하나님**, 일어나셔서 주님의 능력의 언약궤와 함께
주님의 평온한 새 안식처에 들어가 주십시오.
주님의 제사장들에게 구원의 옷을 입히시고
주님의 거룩한 백성이 주님의 선하심을 찬양하게 해주십시오.
하나님, 주님의 기름부음 받은 이들을 버리지 마시고
주님의 종 다윗에게 약속하신 사랑을 잊지 말아 주십시오.

7 1-3 솔로몬이 기도를 마치자 하늘에서 번갯불이 일어
번제물과 제물 위에 내리쳤고, **하나님**의 영광이 성
전에 가득 찼다. 그 영광이 성전에 가득 차서 제사장들이 성
전 안에 들어갈 수 없었다. **하나님**께서 성전을 가득 채우셨
으므로 제사장들이 들어설 수 없었다! 하늘에서 불이 내리
고 **하나님**의 영광이 성전에 가득한 것을 보고, 온 이스라엘
이 무릎 꿇고 엎드려 예배하며 **하나님**께 감사를 드렸다.

하나님은 선하시다!
그분의 사랑은 끝이 없으시다!

4-6 그 후에 왕과 온 이스라엘이 **하나님**께 제사를 드리며 예
배했다. 솔로몬 왕은 성전 봉헌식에서 소 22,000마리, 양
120,000마리를 제물로 바쳤다. 제사장들은 맡은 일에 따라
모두 제자리에 섰고, 다윗이 **하나님**을 높이는 사랑의 찬송
을 노래하고 연주하도록 준비한 레위인 찬양대와 악기 연주
자들도 모두 함께 있었다. 맞은편 뜰에서는 제사장들이 나
팔을 불었다. 이스라엘 백성은 모두 서 있었다.
7-10 솔로몬은 **하나님**의 성전 앞 뜰 한가운데를 거룩한 장소
로 구별하고, 거기서 번제물과 곡식 제물, 화목 제물의 지방
을 바쳤다. 청동제단은 너무 작아서 이 모든 제물을 다 바칠
수 없었기 때문이다. 이렇게 솔로몬은 큰 가을 절기인 초막
절을 지켰다. 북동쪽 끝(하맛 입구)에서부터 남서쪽 끝(이집

트 시내)에 이르는 지역에 사는 백성이 칠 일 동안 모여, 큰 회중을 이루었다. 그들은 칠 일을 계획하여 축제를 시작했다가 칠 일을 더 늘렸는데, 한 주는 제단 봉헌을 위해, 다음 한 주는 절기를 지키기 위해서였다. 축제는 꼬박 이 주 동안 계속되었다! 일곱째 달 이십삼일에 솔로몬은 회중을 돌려보냈다. 그들은 **하나님**께서 다윗과 솔로몬과 그분의 백성 이스라엘에게 베푸신 모든 선한 일을 기뻐하며 돌아갔다.

11 솔로몬은 **하나님**의 성전과 왕궁을 건축하는 일, 곧 그가
마음먹었던 모든 일을 마쳤다. 모든 것이 성공적으로 끝났
고 만족스러웠다!
12-18 밤에 **하나님**께서 솔로몬에게 나타나 말씀하셨다. "내가
네 기도를 듣고 이곳을 제사 드리는 성전이요 예배하는 집
으로 택했다. 내가 하늘에서 비를 내리지 않거나 메뚜기 떼
를 동원해 작물을 먹어 치우게 하거나 전염병을 보낼 때에,
하나님의 백성이라 불리는 내 백성이 스스로를 낮추고 기
도하며 내 임재를 구하고 악한 삶을 버리면, 내가 항상 너희
곁에 있을 것이다. 내가 하늘에서 듣고 그들의 죄를 용서하
며 그들의 땅을 회복시켜 줄 것이다. 이제부터 나는 이곳에
서 드리는 기도에 밤낮 귀를 기울일 것이다. 나는 네가 지은
이 성전을 택하여 거룩하게 했다. 이제 내 이름이 그 위에
영원히 새겨졌으니, 내 눈이 그 위에, 내 마음이 그 안에 언
제나 머물 것이다. 네가 네 아버지 다윗처럼 순전한 마음으

로 내 앞에서 행하고 내가 정해 준 삶을 따라 살며 내 가르
침과 판단에 주의하여 순종하면, 이스라엘을 다스리는 너의
왕권이 든든한 기초 위에 서게 될 것이다. 네 아버지 다윗에
게 언약으로 보증했던 것처럼 네게도 이것을 보증하겠다.
'이스라엘의 왕위에서 네 자손이 항상 끊이지 않을 것이다.'
19-22 그러나 너와 네 자손이 내게 반역하고 내 가르침과 판
단을 무시하며 이방 신들과 어울리면서 그것들을 섬기고
예배하면, 그때에는 이 보증이 무효가 될 것이다. 나는 이
스라엘을 멸하고 내 이름을 높이도록 거룩하게 구별한 이
성전에서 등을 돌릴 것이다. 그러면 이스라엘은 세상 민족
들 사이에서 흉한 농담거리가 되고 말 것이다. 지금은 이
렇게 훌륭한 이 성전도 비웃음거리가 되고 말 것이다. 지
나가는 사람들이 고개를 저으며 '이게 어찌 된 일인가? 어
쩌다가 이렇게 망해 버렸는가?' 하고 물을 것이다. 그러면
그들은 이런 답을 듣게 될 것이다. '한때 여기 살던 민족은
그들의 **하나님**, 곧 그들 조상을 이집트에서 구해 낸 하나
님께 반역했다. 그들은 이방 신들과 어울리며 그것들을 예
배하고 섬겼다. 그래서 하나님께서 이렇게 폐허로 만들어
버리신 것이다.'"

솔로몬의 업적

8 1-6 솔로몬은 이십 년 만에 놀랄 만한 업적을 이루었
다. 그가 한 일은 이러하다.

하나님의 성전과 자신의 왕궁을 지었다.
히람에게서 얻은 성읍들을 재건하고 그곳에 이스라엘 백성을 이주시켰다.
하맛소바로 진군하여 그곳을 점령했다.
광야의 다드몰과 하맛에 건축했던 곡식을 쌓아 두는 모든 성읍을 요새화했다.
요새 성읍인 윗 벳호론과 아랫 벳호론을 건축하고 성벽, 문, 빗장을 완비했다.
바알랏과 곡식을 쌓아 두는 성읍들과
말과 전차를 둘 성읍들을 건축했다.

솔로몬은 한번 마음이 동하면 가리지 않고 건축을 시작했다. 예루살렘이든 레바논이든 자기 마음에 드는 곳이면 어디에나 대대적인 건축 공사를 벌였다.

7-10 솔로몬은 그 땅 원주민(이스라엘 자손이 아닌 헷 사람, 아모리 사람, 브리스 사람, 히위 사람, 여부스 사람) 가운데서 살아남은 무리, 곧 거룩한 전쟁에서 살아남은 자들을 강제노역 부대로 편성했는데, 이 정책은 오늘까지 시행되고 있다. 그러나 이스라엘 사람은 그런 대우를 받지 않았다. 그들은 솔로몬의 군대와 행정부에서 정부 지도자, 전차와 전차병 지휘관으로 일했다. 또한 그들은 솔로몬의 건축 공사를 책임지는 관리가 되었는데, 모두 250명이 노역자들을 감독했다.
11 솔로몬은 바로의 딸을 다윗 성에서 데려와 특별히 그녀를

위해 지은 집에서 살게 했다. 그는 말했다. "**하나님**의 궤가
있는 곳은 거룩하니, 내 아내를 이스라엘 왕 다윗의 집에서
살게 할 수 없다."
12-13 그 후에 솔로몬은 그가 성전 현관 앞에 세운 **하나님**의
제단에서 하나님께 번제를 드렸다. 그는 모세가 정해 둔
정기 예배 일정에 따라 안식일과 초하루, 그리고 삼대 절
기인 무교절(유월절)과 칠칠절(오순절)과 초막절을 지켰다.
14-15 또 아버지 다윗이 정한 규례대로 제사장들을 세워 예
배 직무를 수행하게 했다. 그리고 레위인들을 임명하여 하
나님의 찬양대를 이끌고 매일 예배를 드릴 때 제사장들을
돕게 했다. 그는 또 문지기들을 임명하여 각 문을 지키게 했
다. 이것은 하나님의 사람 다윗이 명령한 일이었다. 제사장
과 레위인과 재정 관리자들은 왕이 내린 지시에 따라 국고
를 비롯해 세세한 부분까지 그대로—고치지 않고—지켰다.
16 **하나님**의 성전 착공에서 준공까지, 솔로몬이 마음먹었던
모든 일이 마침내 완성되었다.
17-18 그 후 솔로몬은 에돔 땅 해변의 에시온게벨과 엘랏으
로 갔다. 히람이 그에게 배 여러 척과 숙련된 뱃사람들을
보냈다. 그들은 솔로몬의 사람들과 함께 (동아프리카의) 오
빌로 항해해서 금 15톤을 실어다가 솔로몬 왕에게 바쳤다.

9

1-4 스바 여왕이 솔로몬의 명성을 듣고는, 어려운 질문으로 그의 명성을 시험해 보기 위해 예루살렘으로 찾아왔다. 그녀는 수행원을 잔뜩 거느리고 향료와 많은 금과 값진 보석을 낙타에 싣고, 호화롭게 예루살렘에 입성했다. 그녀는 평소 관심 있던 온갖 주제를 논하며 자신의 생각을 솔로몬에게 모두 이야기했다. 솔로몬은 그녀가 내놓은 모든 주제에 답했고, 어떤 질문에도 말문이 막히지 않았다. 솔로몬의 지혜를 직접 경험한 스바 여왕은 그가 지은 왕궁, 잘 차려 놓은 식사, 멋있게 줄지어 선 왕궁 관리들, 단정하게 차려입은 시종들, 술잔을 맡은 관리들, 그리고 **하나님**의 성전에서 아낌없이 번제를 드리는 정성스런 예배를 보며 그 모든 것에 감탄했다.

5-8 그녀가 왕에게 말했다. "모두 사실이었군요! 왕의 업적과 지혜에 대한 명성이 내 나라에까지 들려왔는데, 이제 모두 확인했습니다. 내가 직접 보지 않았으면 믿지 못했을 것입니다. 사람들의 말이 과장이 아니었군요! 왕의 지혜와 기품은 내가 상상한 것보다 훨씬 뛰어납니다. 왕 밑에서 일하는 사람들은 날마다 왕 곁에서 지혜로운 말을 직접 들으니 얼마나 복됩니까! 당신을 총애하셔서 왕으로 삼으신 당신의 **하나님**을 찬양합니다. 그분이 당신을 왕으로 삼아 공의로 질서를 유지하게 하시고 소중한 백성을 보살피게 하신 것은, 이스라엘을 향한 그분의 사랑에서 비롯된 것임이 분명합니다."

9-11 그런 다음 그녀는 4.5톤가량의 금과 수많은 향료와 값
비싼 보석을 왕에게 주었다. 스바 여왕이 솔로몬 왕을 위해
향료를 가져온 이후로, 그처럼 많은 향료가 배로 들어온 일
은 다시 없었다. 히람의 배들은 오빌에서 금을 수입해 오면
서 향기로운 백단목과 값비싼 보석도 함께 가져왔다. 왕은
백단목으로 **하나님**의 성전과 왕궁에 들일 세련된 가구를 제
작하고 음악인들을 위해 하프와 수금을 만들었다. 그만한
백단목을 들여온 경우는 이후로 없었다.
12 솔로몬 왕은 스바 여왕이 원하는 것을 모두 주었다. 구하
는 것은 무엇이든 다 주었다. 가져온 것보다 더 많이 가져가
게 된 그녀는, 흡족해 하며 신하들을 이끌고 자기 나라로 돌
아갔다.

13-14 솔로몬은 매년 금 25톤을 받았다. 이것은 상인과 무역
업자들과의 무역에서 나오는 세금과 수익 외의 수입이었다.
아라비아의 모든 왕과 크고 작은 지방 장관들도 솔로몬에게
은과 금을 바쳤다.
15-16 솔로몬 왕은 얇게 두들겨 편 금으로 사람 키만한 방패
이백 개—방패 하나에 금 6.8킬로그램씩 들어갔다—와 그
절반 크기의 작은 방패 삼백 개를 만들었다. 그는 그 방패들
을 레바논 숲 궁전에 두었다.
17-19 왕은 상아로 큰 보좌를 만들고 겉에 금을 입혔다. 보좌

아래에는 여섯 개의 층계가 있고, 층계와 연결된 보좌의 받
침대는 금으로 만들었다. 양쪽 팔걸이 옆으로 사자상을 두
었는데, 여섯 층계의 양쪽 끝에도 각각 사자상이 하나씩 서
있었다. 주변 어느 나라에도 그와 같은 보좌는 없었다.
20 솔로몬 왕의 잔과 컵은 금으로 만들었고, 레바논 숲 궁전
의 식기도 모두 순금으로 만들었다. 은으로 만든 것은 하나
도 없었다. 솔로몬 시대에 은은 흔하고 값싼 것이었다.
21 왕의 배들은 히람의 뱃사람들을 태우고 삼 년에 한 번씩 다
시스를 오가며 금과 은, 상아, 원숭이, 공작을 싣고 돌아왔다.
22-24 솔로몬 왕은 지상의 그 어떤 왕보다 부유하고 지혜로
웠다. 그는 모든 왕보다 뛰어났다. 온 세상 왕들이 하나님
께서 솔로몬에게 주신 지혜를 얻으려고 찾아왔다. 오는 사
람마다 금은 기구, 고급 예복과 의복, 최신 무기, 외국산
향료, 말과 노새 같은 선물을 가져왔다. 방문객들의 행렬이
매년 줄을 이었다.
25-28 솔로몬은 말과 전차를 모았다. 말과 전차를 두는 마구
간이 사천 칸 있었고, 전차가 주둔해 있는 성읍과 예루살렘
의 병영에 기병 만이천 명이 있었다. 그는 동쪽으로 유프라
테스 강에서부터 블레셋 땅 전역과 서쪽으로 이집트 경계에
이르는 지역의 모든 왕을 다스렸다. 그의 시대에는 은이 돌
처럼 흔했고 백향목도 낮은 산지의 무화과나무만큼이나 흔
했다. 그는 이집트와 그 밖의 나라들을 상대로 말 무역업을
벌여 호황을 누렸다.

29-31 솔로몬의 나머지 생애와 통치는 예언자 나단의 역사책,
실로 사람 아히야의 예언서, 느밧의 아들 여로보암에 관한
선견자 잇도의 묵시록에서 처음부터 끝까지 읽을 수 있다.
솔로몬은 예루살렘에서 사십 년 동안 온 이스라엘을 다스렸
다. 그는 죽어서 아버지 다윗의 성에 묻혔다. 그의 아들 르
호보암이 뒤를 이어 왕이 되었다.

북쪽 지파들의 반란

10 1-2 르호보암은 세겜으로 갔다. 온 이스라엘이 그
를 왕으로 세우려고 그곳에 모여 있었다. 당시
솔로몬을 피해 이집트에 숨어 있던 여로보암은, 솔로몬이
죽었다는 소식을 듣고 돌아왔다.
3-4 이스라엘이 불러낸 여로보암과 온 이스라엘 사람이 르호
보암에게 가서 말했다. "왕의 아버지께서 등골이 휘도록 우
리에게 일을 시켜 삶이 아주 고달팠습니다. 이제 좀 쉬게 해
주시고 우리의 짐을 가볍게 해주시면, 우리가 기꺼이 왕을
섬기겠습니다."
5 르호보암이 말했다. "생각할 시간이 필요하니 사흘 후에
다시 오시오." 그래서 백성은 돌아갔다.
6 르호보암 왕은 그의 아버지가 살아 있을 때 조언을 구했던
원로들과 의논했다. "그대들의 생각은 어떠하오? 내가 백성

에게 뭐라고 답하면 좋겠소?"
7 그들이 말했다. "왕께서는 이 백성의 종이 되셔서 그들의
필요를 잘 헤아리고 긍휼을 베푸시며 원만히 일을 해결해
나가십시오. 그러면 결국 백성이 왕을 위해 무슨 일이든지
할 것입니다."
8-9 그러나 그는 원로들의 조언을 물리치고, 그와 함께 자라
서 지금은 왕의 비위만 맞추려 드는 젊은 신하들에게 물었
다. "그대들 생각은 어떻소? '왕의 아버지처럼 혹독하게 하
지 말고 좀 쉬게 해주십시오. 우리의 짐을 가볍게 해주십시
오' 하고 말하는 이 백성에게 내가 뭐라고 해야 되겠소?"
10-11 왕과 함께 자란 철없는 젊은이들이 말했다. "'왕의 아버
지께서 우리에게 너무 심하게 하셨으니, 짐을 가볍게 해주십
시오' 하고 불평하는 이 백성에게 이렇게 말씀하십시오. '내
새끼손가락이 내 아버지의 허리보다 굵다. 내 아버지의 다스
림이 고달팠다고 여긴다면, 너희는 아직 고달픔의 맛을 제대
로 보지 못한 것이다. 내 아버지는 너희를 채찍으로 때렸지
만, 나는 너희가 피투성이가 될 때까지 사슬로 칠 것이다!'"
12-14 르호보암이 백성을 향해 "생각할 시간이 필요하니 사흘
후에 다시 오시오" 하고 지시한 대로, 사흘 후에 여로보암과
백성이 나타났다. 왕의 대답은 가혹하고 거칠었다. 그는 원
로들의 조언을 무시하고 젊은이들의 제안을 따랐다. "내 아
버지의 다스림이 고달팠다고 여긴다면, 너희는 아직 고달픔
의 맛을 제대로 보지 못한 것이다. 내 아버지는 너희를 채찍

으로 때렸지만, 나는 너희가 피투성이가 될 때까지 사슬로
칠 것이다!"
15 르호보암은 백성의 말에 귀를 막았다. 하나님께서 이 모
든 일의 배후에 계셨고, 이로써 실로 사람 아히야를 통해 느
밧의 아들 여로보암에게 주신 메시지를 확증하셨다.
16-17 온 이스라엘은 왕이 그들의 말을 한 마디도 듣지 않은
것을 알고, 왕에게 맞서서 말했다.

꺼져 버려라, 다윗!
이새의 아들아, 우리는 이제 너한테 질렸다!
이스라엘아, 어서 여기서 떠나자!
다윗, 이제 더 이상 우리 일에 참견하지 마라.

그런 다음, 백성이 떠나갔다. 그러나 르호보암은 유다 성읍
들에 사는 사람들을 계속 다스렸다.
18-19 그 후에 르호보암 왕이 노역 책임자인 아도니람을 보내
자, 이스라엘 백성이 모여서 그를 돌로 쳐죽였다. 르호보암
왕은 재빨리 전차에 뛰어올라 예루살렘으로 피했다. 그때부
터 오늘까지 이스라엘은 다윗 왕조에 계속 대항했다.

11 1 예루살렘으로 돌아온 르호보암은 유다와 베냐
민 지파 사람들을 소집하고 정예군 180,000명

을 동원했다. 그는 이스라엘과 전쟁을 벌여 나라를 되찾으
려고 했다.
2-4 그때 **하나님**의 말씀이 거룩한 사람 스마야에게 임했다.
"솔로몬의 아들 유다 왕 르호보암과 유다와 베냐민의 모든
이스라엘 백성에게 전하여라. '이것은 **하나님**의 말씀이다.
너희는 진군하지 마라. 너희 형제 이스라엘 자손과 싸우지
마라. 너희는 한 사람도 남김없이 다 집으로 돌아가거라. 이
모든 것이 나의 뜻이다.'" 그들은 **하나님**께서 말씀하신 대로
집으로 돌아갔다.
5-12 르호보암은 계속해서 예루살렘에 살면서 유다 곳곳에 방
어체제를 구축했다. 베들레헴, 에담, 드고아, 벳술, 소고, 아
둘람, 가드, 마레사, 십, 아도라임, 라기스, 아세가, 소라, 아
얄론, 헤브론이 그가 유다와 베냐민을 보호하기 위해 세운
방어선이었다. 그는 요새 성읍을 강화하고, 지휘관들을 임명
하며, 비상식량과 올리브기름과 포도주를 비축했다. 그는 모
든 성읍에 큰 방패와 창들을 갖추어 두고, 성읍의 방비를 크
게 강화했다. 그래서 유다와 베냐민은 한동안 안전했다.
13-17 이스라엘 전역에서 제사장과 레위인들이 르호보암에
게 왔다. 레위인들이 자기 목초지와 재산을 버리고 유다와
예루살렘으로 이주한 것은, 여로보암과 그의 아들들이 그들
에게서 **하나님**의 제사장직을 박탈하고 제사장을 따로 세워,
여러 예배 처소에서 그가 만든 숫염소와 송아지 우상을 섬
기게 했기 때문이다. 이스라엘의 모든 지파 가운데서 이스

라엘의 **하나님**을 찾기로 결심한 모든 사람은, 제사장과 레위인들과 함께 예루살렘으로 이주하여 그곳에서 그들 조상의 **하나님**께 제사를 드려 예배했다. 이것이 유다 나라에 엄청난 힘이 되었다. 그들은 삼 년 동안 솔로몬의 아들 르호보암 곁을 지키면서, 다윗과 솔로몬의 길을 충실히 따랐다.

18-21 르호보암은 다윗의 아들 여리못과 이새의 아들 엘리압의 딸 아비하일 사이에서 태어난 마할랏과 결혼했다. 마할랏은 여우스, 스마랴, 사함을 낳았다. 그 후에 르호보암은 압살롬의 딸 마아가와 결혼했는데, 마아가는 아비야, 앗대, 시사, 슬로밋을 낳았다. 마아가는 르호보암이 가장 사랑한 아내였다. 그는 다른 아내나 첩들(그는 아내 열여덟 명과 첩 예순 명을 두었는데, 그들이 아들 스물여덟 명과 딸 예순 명을 낳았다!)보다 그녀를 더 사랑했다.

22-23 르호보암은 마아가의 아들 아비야를 맏아들, 곧 형제들의 지도자로 삼았다. 그를 다음 왕으로 삼을 생각이었다. 그는 지혜롭게 아들들을 유다와 베냐민의 방어체제를 이루는 모든 요새 성읍에 배치했다. 그리고 풍부한 양식과 많은 아내를 주어 그들을 행복하게 해주었다.

12

1 르호보암이 나라를 안정시켜 다시 세력이 강해지자, 그와 온 이스라엘은 사실상 **하나님**과 그분의 길을 버렸다.

[2-4] 그와 그의 백성이 **하나님**께 신실하지 않았으므로, 르호보
암 오년에 이집트 왕 시삭이 예루살렘으로 쳐들어왔다. 그는
전차 천이백 대와 기병 육만 명, 리비아와 숩과 에티오피아
사람들로 구성된 이집트 군대를 거느리고 왔다. 그들은 유다
의 요새 성읍들을 빼앗고 예루살렘까지 진격해 왔다.
[5] 그때 예언자 스마야가 시삭을 피해 예루살렘으로 후퇴한
유다 지도자들과 함께 르호보암에게 가서 말했다. "**하나님**
께서 말씀하십니다. '네가 나를 버렸으니, 이제 나도 너를
버려 시삭에게 넘기겠다.'"
[6] 이스라엘의 지도자들과 왕이 회개하며 말했다. "**하나님**께
서 옳으십니다."
[7-8] **하나님**께서 그들이 겸손히 회개하는 모습을 보셨다. 그
러자 **하나님**의 말씀이 스마야에게 임했다. "그들이 겸손
히 뉘우치니, 내가 그들을 멸하지 않겠다. 그들을 너그럽
게 봐줄 것이다. 시삭을 통해 예루살렘에 나의 진노를 드
러내지 않을 것이다. 그러나 나는 그들을 시삭의 신하로
만들 것이다. 그들은 나를 섬기는 것과 세상의 왕을 섬기는
것이 어떻게 다른지 알게 될 것이다."
[9] 그때 이집트 왕 시삭이 예루살렘을 공격했다. 그는 **하나**
님의 성전과 왕궁의 보물 보관소에서 무엇이든 손에 잡히는
대로 약탈하고, 솔로몬이 만든 금방패까지 가져갔다.

10-11 르호보암 왕은 금방패 대신 청동방패를 만들어 왕궁 입
구를 지키는 경비대에게 주었다. 왕이 **하나님**의 성전에 갈
때 경비대가 방패를 들고 왕을 수행했다가, 일이 끝나면 경
비대실에 다시 가져다 놓았다.
12 르호보암이 회개했으므로, **하나님**께서 진노를 거두셨고
그를 완전히 멸하지 않으셨다. 유다에 선한 일도 벌어지고
있었으니 상황이 암담하지만은 않았다.
13-14 르호보암 왕은 예루살렘에서 자신의 통치체제를 개편
하고 왕권을 다시 굳게 세웠다. 르호보암은 왕위에 오를 때
마흔한 살이었다. 그는 이스라엘의 모든 지파 가운데서 **하
나님**께서 친히 임재하시는 특별한 처소로 택하신 예루살
렘 성에서 십칠 년 동안 다스렸다. 그의 어머니는 암몬 사
람 나아마다. 그러나 르호보암에 대한 최종 평가는 그가 악
한 왕이라는 것이었다. 그에게 **하나님**은 중요하지 않았다.
하나님께 관심이 없었을 뿐 아니라 그분을 마음으로 찾지도
않았다.
15-16 르호보암의 역사는 예언자 스마야와 선견자 잇도의 회
고록에 처음부터 끝까지 족보와 함께 기록되어 있다. 르호
보암과 여로보암 사이에는 전쟁이 끊이지 않았다. 르호보
암은 죽어서 자기 조상과 함께 다윗 성에 묻혔다. 그의 아들
아비야가 뒤를 이어 왕이 되었다.

유다 왕 아비야

13 1-2 여로보암 왕 십팔년에, 아비야가 유다 왕위에
올랐다. 그는 예루살렘에서 삼 년 동안 다스렸
다. 그의 어머니는 기브아 사람 우리엘의 딸 마아가다.
2-3 아비야와 여로보암 사이에 전쟁이 벌어졌다. 아비야는
정예군 400,000명을 이끌고 싸움에 나섰고, 여로보암 또한
정예군 800,000명으로 맞섰다.
4-7 아비야가 에브라임 산지 스마라임 산의 잘 보이는 곳에
서서 말했다. "여로보암과 온 이스라엘은 들어라! **하나님**
이스라엘의 유일하신 하나님께서 다윗과 그 후손을 이스라
엘의 영원한 통치자로 세우시고, **하나님**의 나라는 **하나님**의
왕이 다스린다고 '소금 언약'으로 확증하신 것을 너희가 알
지 못하느냐? 그런데 어떻게 되었느냐? 솔로몬의 종 느밧
의 아들 여로보암이 자기 주인에게 반역했다. 온갖 불량배
들이 그와 함께 작당하니, 솔로몬의 후계자 르호보암이 당
해 내지 못했다. 르호보암은 어찌할 바를 몰랐다. 게다가 그
는 겁이 많아서 그들과 맞서지 못했다.
8-9 너희는 그 약점을 이용하여 다윗의 후손에게 위임된 **하
나님**의 통치에 주제넘게 맞서고 있다. 큰 군대를 거느리고,
거기다 여로보암이 너희에게 신으로 만들어 준 금송아지 우
상들 때문에 너희가 아주 대단한 줄 아는구나! 하지만 지금
까지 너희가 한 일을 보아라. 너희는 아론 자손인 **하나님**의
제사장과 레위인들을 쫓아 내고 이방인들처럼 너희 멋대로

제사장을 세웠다. 누구든지 돈을 충분히 들고 가서 값만 치
르면 제사장이 될 수 있다! 하나님 아닌 거짓 우상들의 제사
장 말이다!
10-11 하지만 유다의 남은 우리는 **하나님**께 머물러 있다. 우
리는 그분을 최신 우상으로 바꾸지 않았다. 확실히 검증된
아론의 제사장들이 우리를 **하나님**께로 인도하고, 또 레위인
들이 우리의 예배를 인도하여 날마다 아침과 저녁 기도 때
하나님께 번제와 향기로운 향을 드리고, 깨끗한 상에 갓 구
운 거룩한 빵을 차려 내며, 밤마다 금등잔대에 불을 밝히고
있다. 우리는 **하나님**께서 명령하신 일을 그분이 말씀하신
방식대로 지키고 있다. 그러나 너희는 그분을 버렸다.
12 너희 눈에는 보이지 않느냐? 하나님께서 우리 편이시며
우리의 지도자이시다. 그분의 제사장들은 나팔을 들고 전투
신호를 보낼 태세가 되어 있다. 이스라엘 백성아, **하나님** 너
희 조상의 하나님과 싸우지 마라. 너희는 절대 이 전투에서
이기지 못한다."
13-18 아비야가 말하는 동안, 여로보암은 사람들을 뒤로 보내
서 그들을 기습하게 했다. 유다 앞에는 여로보암, 뒤에는 복
병이 있었다. 뒤를 돌아본 유다는 자기들이 앞뒤로 공격받
고 있음을 알았다. 그들은 **하나님**께 간절히 기도했다. 제사
장들은 나팔을 불고 유다 군사들은 크게 부르짖었다. 그때
하나님께서 아비야와 유다 앞에서 여로보암과 온 이스라엘
을 치셨다. 이스라엘 군은 유다 군 앞에서 흩어졌다. 하나님

께서 유다에게 승리를 주셨다. 아비야와 그의 병력은 이스
라엘을 크게 무찔렀다. 그날 이스라엘 정예군 500,000명이
죽었다. 이스라엘 군은 처참하게 무너졌다. 아주 치욕스러
운 패배였다. 유다 군이 힘들이지 않고 이긴 것은 그들이 **하
나님** 그들 조상의 하나님을 신뢰했기 때문이다.
19-21 아비야는 승리의 여세를 몰아 여로보암을 추격하여 베
델, 여사나, 에브론 성읍과 그 주변 마을들을 빼앗았다. 여
로보암은 아비야가 살아 있는 동안 이 패배에서 끝내 빠져
나오지 못했다. 이후에 **하나님**께서 그를 치시니 그가 죽었
다. 반면에 아비야는 번성했다. 그는 열네 명의 아내와 결혼
하여 아들 스물둘, 딸 열여섯의 한 가문을 이루었다.
22 아비야의 나머지 역사, 곧 그의 언행은 예언자 잇도가 쓴
연구서에 기록되어 있다.

유다 왕 아사

14 1 아비야는 죽어서 자기 조상과 함께 다윗 성에
묻혔다. 그의 아들 아사가 뒤를 이어 왕이 되었다.
아사가 다스리던 십 년 동안 그 땅은 평화로웠다.
2-6 아사는 선한 왕이었다. 그는 **하나님** 보시기에 바르게 행
했다. 그는 이방 제단과 산당들을 없애고, 신성하게 여기는
돌기둥들을 부수고, 음란한 종교의 목상들(아세림)을 베었
다. 그는 또 유다 백성에게 명령하여 삶의 중심을 **하나님** 그
들 조상의 하나님께 두고, 율법대로 행하며 계명에 따르도

록 했다. 그가 유다 성읍들에서 모든 이방 산당과 제단들을
없앴으므로 나라가 평화로웠다. 그 땅이 평온하고 전쟁이
없어서 아사는 튼튼한 방어체제를 구축할 수 있었다. **하나
님**께서 평화를 지켜 주셨다.
7 아사는 백성에게 말했다. "우리에게 기회가 있고 이 땅이
평온할 때 든든한 방어체제를 구축하여 성벽, 망대, 문, 빗
장으로 성읍들을 요새화합시다. 이 땅이 이처럼 평화로운
것은 우리가 **하나님**을 찾았기 때문입니다. 그분이 우리를
모든 고난으로부터 지켜 주셨습니다." 그래서 그들은 성읍
을 튼튼히 하고 번영을 누렸다.
8 아사의 군대에는 방패와 창으로 무장한 유다 사람
300,000명과, 방패를 들고 활을 쏘는 베냐민 사람 280,000
명이 있었다. 그들 모두 용감한 군사들이었다.
9-11 에티오피아 사람 세라가 아사와 전쟁을 벌이려고 백만
군대와 전차 삼백 대를 이끌고 마레사까지 쳐들어왔다. 아
사는 그에 맞서, 마레사 근처 스바다 골짜기에서 싸울 준비
를 했다. 거기서 아사가 **하나님**께 기도했다. "**하나님**, 주께
서는 한번 돕기로 작정하시면 적군의 많고 적음이 문제 되
지 않고 그들의 세력에도 눌리지 않으십니다. 오 **하나님**, 우
리를 도와주십시오. 우리는 주님과 주님의 성품을 신뢰하기
에 이 큰 군대에 맞서 싸우러 나왔습니다. 한낱 인간들이 주
께 대적하지 못하게 해주십시오!"
12-15 **하나님**께서 에티오피아 사람을 아사와 유다 앞에서 물

리치셨다. 에티오피아 사람은 필사적으로 도망쳤다. 아사와 그의 용사들이 그랄까지 그들을 쫓아갔다. 죽은 자가 얼마나 많았던지 에티오피아 사람은 전의를 완전히 상실했다. **하나님**과 그분의 군대 앞에서 어마어마한 살육이 벌어졌다. 유다는 많은 전리품들을 실어 날랐다. 그들은 그랄 주변의 모든 성읍을 폐허로 만들고 그 땅을 약탈했다. 그곳 사람들이 안절부절못한 채 **하나님**에 대한 두려움으로 벌벌 떨었다. 또 유다는 가축 지키는 자들을 공격하여 많은 양과 낙타를 빼앗아서 예루살렘으로 돌아왔다.

15 1-6 그때 오벳의 아들 아사랴가 하나님의 영에 감동하니, 그가 나가서 아사를 맞이했다. "아사 왕이시여, 잘 들으십시오. 유다와 베냐민도 들으시오. 여러분이 **하나님**과 함께 있는 한 **하나님**께서도 여러분과 함께 계실 것입니다. 여러분이 그분을 찾으면 그분이 만나 주실 것입니다. 그러나 여러분이 그분을 버리면 그분도 여러분을 버리실 것입니다. 오랫동안 이스라엘은 참 하나님을 모시지 않았고 제사장이나 스승이나 계시의 책의 도움도 받지 않았습니다. 그러나 고난이 찾아와 상황이 어려워지자, 그들이 **하나님** 이스라엘의 하나님을 찾았습니다. 그러자 **하나님**께서 그들을 만나 주셨습니다. 그때는 먹고 먹히는 살벌한 세상이었고, 먼저 차지하는 자가 주인이 되는 때였습니다. 어

느 땅을 막론하고 다음 날 무슨 일이 벌어질지 아무도 몰랐습니다. 나라가 나라를 치고 성읍이 성읍을 쳤습니다. 하나님께서 그들에게 온갖 고난을 풀어 놓으셨습니다.
7 그러나 여러분은 다릅니다. 힘을 내십시오. 용기를 내십시
오. 주께서 곧 갚아 주실 것입니다!"
8-9 아사는 오벳의 아들 아사랴의 예언을 듣고 마음을 가다듬은 다음, 소매를 걷어붙이고 일을 시작했다. 그는 유다와 베냐민 온 땅과 그가 빼앗은 에브라임 산지 성읍들에서 음란하고 더러운 종교 산당들을 깨끗이 없애 버렸다. 성전 현관 앞에 있는 **하나님**의 제단도 정비했다. 이어서 그는 온 유다와 베냐민을 불러 모았는데, 그곳에 살던 에브라임, 므낫세, 시므온 사람들도 포함되었다(**하나님**께서 아사 편에 계시는 것을 보고, 많은 이스라엘 사람들이 고향을 떠나 아사에게 합류했다).
10-15 아사 왕 십오년 셋째 달에, 그들이 모두 예루살렘에 도착하여 큰 집회를 열었다. 그들은 이전의 전리품들 중에서 황소 칠백 마리와 양 칠천 마리를 제물로 바쳐 예배했다. 그들은 전심으로 **하나님** 그들 조상의 하나님만 찾기로 언약을 맺었다. 또 **하나님** 이스라엘의 하나님을 찾지 않는 자는 남녀노소를 막론하고 누구든지 죽이기로 했다. 그들은 그 자리에서 한 약속을 **하나님** 앞에서 큰소리로 외쳤다. 즐거운 함성과 함께 나팔과 숫양 뿔 부는 소리가 울려 퍼졌다. 온 백성이 그 언약을 기뻐하며 마음을 다해 맹세했다. 그들

은 가장 좋은 것을 기대하며 하나님을 찾았고, 그분은 기다
리셨다는 듯 그들에게 오셨다. **하나님**께서 안팎으로 평화를
주셨다. 더없이 평화로운 나라가 되었다!
16-19 아사는 나라를 깨끗이 정화하면서, 음란한 여신 아세라
목상을 만든 어머니 마아가를 대비의 자리에서 폐위시켰다.
아사는 그 목상을 허물어 부수고 기드론 골짜기에서 불태워
버렸다. 아쉽게도 지역의 음란한 종교 산당들은 그대로 두
었지만, 그는 선한 뜻과 바른 마음으로 **하나님**께 집중했다.
그는 자신과 그의 아버지가 거룩하게 구별하여 바친 모든
금은 그릇과 기구를 하나님의 성전에 두었다. 이후 아사 왕
삼십오년까지 전쟁이 없었다.

16 1 그러나 아사 왕 삼십육년에, 이스라엘 왕 바아
사가 쳐들어왔다. 그는 라마에 요새를 짓고 이스
라엘과 유다 사이의 국경을 폐쇄하여 유다 왕 아사가 드나
들지 못하게 함으로써 전쟁을 시작했다.
2-3 아사는 **하나님**의 성전과 왕궁의 보물 보관소에 있던 은
과 금을 다 꺼내어, 다마스쿠스에 있던 아람 왕 벤하닷에게
보내며 메시지를 전했다. "나의 아버지와 당신의 아버지가
조약을 맺은 것처럼 우리도 조약을 맺읍시다. 내가 이 은금
예물로 성의를 표하니, 부디 이스라엘 왕 바아사와 맺은 조
약을 깨뜨려 그가 더 이상 나와 싸우지 못하게 해주십시오."

4-5 벤하닷은 아사 왕과 뜻을 같이하여 이스라엘 성읍들로
군대를 보냈다. 그들은 이욘과 단과 아벨마임과 곡식을 쌓
아 두는 납달리의 모든 성읍을 약탈했다. 이 보고를 받은 바
아사는 라마에 요새를 짓던 일을 멈추었다.
6 그러자 아사 왕은 유다 백성에게 명령하여 바아사가 라마
요새를 건축할 때 쓰던 목재와 석재를 실어 오게 했고, 그것
으로 게바와 미스바에 요새를 건축했다.
7-9 그 일 후에 선견자 하나니가 유다 왕 아사에게 와서 말했
다. "왕께서 아람 왕에게 도움을 구하고 **하나님**께 도움을 구
하지 않으셨으니, 이제 왕께서는 아람 왕의 군대에 맞서 승
리할 기회를 잃어버렸습니다. 에티오피아와 리비아 사람이
왕을 완전히 압도하는 전차와 기병의 우세한 병력으로 왕을
치러 오지 않았습니까? 하지만 왕께서 **하나님**께 도움을 구
함으로 그분이 왕께 승리를 주셨습니다. **하나님**께서는 항상
깨어 있어서 그분을 온전히 의지하는 사람들을 찾으십니다.
하나님의 도움을 받을 수 있는데도 왕께서는 어리석게 인간
의 도움을 구했습니다. 이제 왕께서 곤경에 처하게 되었으
니, 앞으로는 이 땅에 전쟁이 끊이지 않을 것입니다."
10 아사는 그 말에 몹시 화가 나서, 하나니를 감옥에 가두어
버렸다. 그때에 그는 백성을 학대하기도 했다.
11-14 아사에 대한 기록은 '유다 왕 연대기'에 남아 있다. 아
사는 왕이 된 지 삼십구 년이 되던 해에 발에 균이 감염되어
중병이 들었다. 그는 **하나님**께 도움을 구하지 않고 대신에

의사들을 찾았다. 그러다 왕이 된 지 사십일 년이 되던 해에 죽었다. 사람들은 그를 그 자신을 위해 다윗 성에 마련해 둔 웅장한 무덤에 묻었다. 그들은 향기로운 기름과 향료가 가득한 지하실에 그를 안장하고, 큰 모닥불을 피워 그를 기념했다.

유다 왕 여호사밧

17 1-6 아사의 아들 여호사밧이 뒤를 이어 왕이 되었다. 그는 먼저 이스라엘의 침략에 대비한 방어체제부터 정비했다. 유다의 모든 요새 성읍에 군대를 두고, 유다 전역과 그의 아버지 아사가 점령한 에브라임 성읍들에 수비대를 배치했다. 여호사밧이 그의 아버지 아사가 처음에 걸었던 길을 따랐으므로, **하나님**께서 그의 편에 계셨다. 그는 한창 성행하던 바알 종교에 관심을 두지 않았다. 그는 그의 아버지의 하나님을 구하고 따랐으며 그분께 순종했다. 그는 이스라엘과 같지 않았다. 그러므로 **하나님**께서 그의 통치 아래 나라를 안전히 지켜 주셨고, 그가 나라를 완전히 장악하게 하셨다. 유다의 모든 사람이 감사의 표시로 예물을 가져왔고, 여호사밧은 큰 부귀영화를 누렸다. 그는 일편단심으로 **하나님**을 따랐고, 지역의 음란한 종교 산당들을 없애 버렸다.

7-9 그는 왕이 된 지 삼 년째 되는 해에, 자신의 관리들인 벤하일, 오바댜, 스가랴, 느다넬, 미가야—하나같이 탁월한

인재였다—에게 가르치는 임무를 맡겨서 유다 각 성읍들
로 보냈다. 레위인들—스마야, 느다냐, 스바댜, 아사헬, 스
미라못, 여호나단, 아도니야, 도비야, 도바도니야—도 함께
보냈는데, 제사장 엘리사마와 여호람도 그 일행 중에 있었
다. 그들은 유다 성읍들을 돌면서 **하나님**의 계시의 책으로
백성을 가르쳤다.
10-12 유다 주변에 있는 모든 나라는 **하나님**이 두려워, 감히
여호사밧에게 전쟁을 걸지 못했다. 일부 블레셋 사람들은
여호사밧에게 많은 예물과 은을 가져왔고, 사막의 베두인
사람들은 가축 떼, 곧 숫양 7,700마리와 염소 7,700마리를
가져왔다. 그리하여 여호사밧은 날로 더 강해졌고, 곡식을
쌓아 두는 성읍과 요새들을 더 많이 세웠다. 유다의 번성기
였다!
13-19 또 여호사밧은 탁월한 전사들을 예루살렘에 주둔시켰
다. 유다 군지휘관들을 가문별로 구분하면, 사령관 아드나
가 군사 30만, 부사령관 여호하난이 28만, 부사령관이자 **하
나님**을 위해 자원한 시그리의 아들 아마시야가 20만의 군
사를 거느렸다. 군지휘관 엘리아다는 활과 방패로 완전무장
한 베냐민 가문과 군사 20만의 대표였고, 그의 부지휘관 여
호사밧은 군사 18만을 거느렸다. 이들은 왕의 직속 명령을
받았다. 이 밖에도 왕은 온 유다에 흩어져 있는 요새 성읍들
에도 병력을 배치했다.

18 1-3 여호사밧은 이렇게 큰 부귀영화를 누리면서
도 이스라엘의 아합과 정략결혼을 했다. 얼마 후
그는 사마리아로 가서 아합을 만났다. 아합은 그의 방문을
기념하여 잔치를 베풀었다. 양고기와 소고기를 원없이 먹을
수 있는 성대한 바비큐 파티였다. 그러나 아합에게는 속셈
이 있었다. 길르앗 라못을 공격하는 일에 여호사밧이 지원
해 주기를 바랐던 것이다. 마침내 아합은 속내를 털어놓았
다. "나와 함께 길르앗 라못을 치러 가시겠습니까?" 여호사
밧이 말했다. "물론입니다. 나는 끝까지 왕의 편입니다. 나
와 내 군대를 믿어도 좋습니다."
4 여호사밧이 말했다. "하지만 무슨 일이든 시작하기 전에
하나님의 인도하심을 구해야 합니다."
5 이스라엘 왕은 예언자 사백 명을 모아 놓고 이렇게 물었
다. "내가 길르앗 라못을 공격하는 것이 좋겠소? 아니면 이
대로 가만히 있는 것이 좋겠소?"
그들이 말했다. "공격하십시오. 하나님께서 길르앗 라못을
왕에게 넘겨주실 것입니다."
6 그러나 여호사밧은 머뭇거렸다. "이 근처에 우리가 의견
을 들을 만한 **하나님**의 예언자가 또 있습니까? 다른 의견을
들어 봅시다."
7 이스라엘 왕이 여호사밧에게 말했다. "사실 한 사람이 있
기는 합니다. 이믈라의 아들 미가야라는 자인데, 나는 그를
싫어합니다. 그는 내게 좋은 말을 전한 적이 한 번도 없고,

오직 파멸만을 예언합니다."
여호사밧이 말했다. "왕께서는 예언자에 대해 그런 식으로
말씀하시면 안됩니다."
8 그러자 이스라엘 왕은 한 신하에게 명령했다. "당장 이믈
라의 아들 미가야를 데려오너라!"
9-11 그 사이, 이스라엘 왕과 여호사밧은 화려한 왕복 차림으
로 사마리아 성문 앞에 마련된 왕좌에 앉아 있었다. 모든 예
언자들이 그들을 위해 공연이라도 하듯 예언을 펼쳤다. 그
나아나의 아들 시드기야는 철로 뿔까지 한 쌍 만들어 그것
을 휘두르며 외쳤다. "**하나님**의 말씀입니다! 왕께서 이 뿔
들로 아람을 들이받아 아람에는 결국 아무것도 남지 않게
될 것입니다!" 모든 예언자가 맞장구를 쳤다. "맞습니다! 길
르앗 라못을 치십시오. 쉽게 이길 것입니다! 왕께 주시는 **하
나님**의 선물입니다!"
12 미가야를 데리러 간 신하가 그에게 말했다. "예언자들이
하나같이 왕의 승리를 예언했습니다. 만장일치가 되도록 당
신도 찬성표를 던지시오!"
13 그러나 미가야는 말했다. "**하나님**께서 참으로 살아 계심
을 두고 맹세하는데, 나는 하나님께서 말씀하시는 것만을
말할 것이오."
14 미가야가 왕 앞에 나아오자 왕이 물었다. "미가야여, 우
리가 길르앗 라못을 공격하는 것이 좋겠소, 아니면 가만히
있는 것이 좋겠소?"

미가야가 말했다. "공격하십시오. 쉽게 이길 것입니다. 왕께 주시는 하나님의 선물입니다."
15 왕이 말했다. "잠깐, 나에게 진실만을 말하라고 그대에게
몇 번이나 맹세를 시켜야 하겠소?"
16 미가야가 말했다. "정 그러시다면, 좋습니다.

나는 온 이스라엘이 목자 없는 양처럼
산에 흩어져 있는 것을 보았습니다.
그때 **하나님**께서 말씀하셨습니다. '이 불쌍한 백성에게
어찌해야 할지 일러 주는 자가 없구나.
그들을 집으로 돌려보내
각자 생업에 충실하게 하여라.'"

17 그러자 이스라엘 왕이 여호사밧을 보며 말했다. "보십시
오! 내가 뭐라고 했습니까? 이 자는 내게 **하나님**의 좋은 말
씀은 전하지 않고, 오직 파멸만 전할 뿐입니다."
18-21 미가야가 말을 이었다. "아직 끝나지 않았습니다. **하나
님**의 말씀을 들으십시오.

나는 **하나님**께서 왕좌에 앉아 계시고
하늘의 모든 군대가
그분의 오른쪽과 왼쪽에
늘어서 있는 것을 보았습니다.

하나님께서 말씀하셨습니다. '우리가 어찌하면 아합을 꾀어
길르앗 라못을 공격하게 할 수 있겠느냐?'
그러자 누구는 이렇게 말하고
누구는 저렇게 말했습니다.
그때 한 천사가 담대히 나서서
하나님 앞에 서서 말했습니다.
'제가 그를 꾀어내겠습니다.'
'그래 어떻게 꾀어내려느냐?' 하나님께서 말씀하셨습니다.
'쉽습니다.' 그 천사가 말했습니다.
'모든 예언자를 시켜 거짓말을 하게 하겠습니다.'
'그러면 되겠구나.' 하나님께서 말씀하셨습니다.
'어서 가서 그를 꾀어라!'

22 그래서 그대로 되었습니다. 하나님께서 왕의 꼭두각시
예언자들의 입에 꾀는 거짓말을 가득 채우셨습니다. 하나
님께서 왕의 파멸을 선고하셨습니다."
23 바로 그때, 그나아나의 아들 시드기야가 다가와 미가야의
얼굴을 치며 말했다. "언제부터 하나님의 영이 나를 떠나 너
와 함께하셨더냐?"
24 미가야가 말했다. "네가 곧 알게 될 것이다. 미친 듯이 숨을
곳을 찾지만 모든 것이 부질없음을 네가 깨닫게 될 것이다."
25-26 이스라엘 왕은 더 듣고 싶지 않았다. "미가야를 데려
가거라! 그를 성읍 재판관 아몬과 왕자 요아스에게 넘기

고 이렇게 전하여라. '왕의 명령이다! 그를 감옥에 가두고,
내가 무사히 돌아올 때까지 죽지 않을 만큼만 빵과 물을
먹여라.'"
27 미가야가 말했다.

왕께서 무사히 돌아오신다면
나는 하나님의 예언자가 아닙니다.

그리고 덧붙였다.

백성들이여, 일이 이루어지거든
이 말을 어디서 들었는지 잊지 마십시오!

28-29 이스라엘 왕과 유다 왕 여호사밧이 나가서 길르앗 라
못을 공격했다. 이스라엘 왕이 여호사밧에게 말했다. "나는
변장하고 전쟁터에 들어갈 테니, 왕은 내 왕복을 입으십시
오." 이스라엘 왕은 변장하고 전쟁터에 들어갔다.
30 한편 아람 왕은 자신의 전차 지휘관 서른두 명에게 명령
했다. "다른 자들은 신경 쓰지 말고, 오직 이스라엘 왕만 쫓
아라."
31-32 전차 지휘관들은 여호사밧을 보고 "저기 있다! 이스라
엘 왕이다!" 하며 쫓아갔다. 여호사밧이 소리를 지르자, 전
차 지휘관들은 그가 이스라엘 왕이 아니고 엉뚱한 사람이라

는 것을 알아차렸다. 하나님께서 개입하셔서 그를 놓아주게
하셨다.
33 바로 그때, 누군가가 무심코 쏜 화살이 이스라엘 왕의 갑
옷 이음새 사이에 꽂혔다. 왕이 전차병에게 말했다. "방향
을 돌려라! 내가 부상을 입었으니, 여기서 빠져나가자."
34 싸움은 온종일 치열하게 계속되었다. 왕은 전차 안에 기
대어 앉은 채 싸움을 지켜볼 수밖에 없었다. 그는 그날 저녁
에 죽었다.

19

1-3 그러나 유다 왕 여호사밧은 무사히 궁으로 돌
아왔다. 하나니의 아들 선견자 예후가 여호사밧
앞에 나아가 말했다. "**하나님**을 미워하는 자들의 비위를 맞
추며 악을 거드시다니요! 그것은 왕이 할 일이 아닙니다. 이
일로 인해 **하나님**께서 왕에게 진노하셨습니다. 그러나 왕께
서 악한 일만 한 것은 아닙니다. 왕께서는 더럽고 음란한 종
교 산당들을 깨끗이 제거하셨습니다. 또한 일편단심으로 하
나님을 찾으셨습니다."

여호사밧의 개혁

4 여호사밧은 예루살렘에 거주하면서 남쪽 브엘세바에서 북
쪽 에브라임 산에 이르기까지 백성이 사는 곳을 정기적으로
방문했으며, 그들에게 **하나님** 그들 조상의 하나님께 돌아올

것을 촉구했다.

5-7 그는 공들여 그 땅 각 요새 성읍에 재판관들을 임명하여
세우고, 그들에게 이렇게 당부했다. "그대들의 일은 매우 중대하니, 신중을 기하시오. 그대들은 그저 사람들 사이에서 재판하는 것이 아니오. 그대들이 하는 재판은 **하나님**의 재판이오. 그러니 **하나님**을 두려워하는 마음으로 임하시오. **하나님**께서는 부정직과 불공정과 뇌물을 싫어하시니, 각별히 조심하시오."

8-10 여호사밧은 또 레위인과 제사장과 각 가문의 지도자들
중에서 사람을 뽑아 예루살렘에 보내어 예배와 관련된 일, 지방의 분쟁 조정과 관련된 일들을 판결하게 했다. 왕은 그들에게 이렇게 당부했다. "**하나님**을 두려워하는 마음으로 일하시오. 그대들이 맡은 직무를 믿음직하고 정직하게 감당해야 하오. 성읍 주민과 관련된 사건을 맡게 되거든, 살인처럼 큰 문제이든 법 해석의 문제처럼 작은 것이든 상관없이, 그들이 **하나님**을 상대하고 있음을 그대들이 책임지고 알려야 하오. 그 점을 그들에게 분명히 말해 주시오. 그렇지 않으면 그대들이나 그들 모두가 **하나님**의 진노를 사게 될 것이오. 그대들이 일을 제대로 수행하지 않으면, 그대들 역시 그들처럼 유죄 판결을 받게 될 것이오.

11 대제사장 아마랴는 **하나님**께 드리는 예배와 관련된 모든
사건을 맡고 있으며, 유다 지파 지도자 이스마엘의 아들 스바댜는 그 외의 일반 백성에 관한 사건을 전담하고 있소. 레

위인들은 법정의 질서를 유지할 것이오. 담대히, 힘써 행하
시오. **하나님**께서 최선을 다하는 그대들과 함께하시기를 바
라오."

20

1-2 얼마 후에 모압 사람과 암몬 사람이 마온 사
람과 결탁하여 여호사밧에게 싸움을 걸어왔다.
"엄청난 군대가 왕과 싸우려고 사해 너머에서 쳐들어오고
있습니다. 지체할 시간이 없습니다. 그들이 벌써 하사손다
말, 곧 엔게디 오아시스에 이르렀습니다"라는 정보가 여호
사밧에게 전해졌다.
3-4 두려움에 사로잡힌 여호사밧이 기도했다. 그는 **하나님**께
나아가 도움을 구하고 온 나라에 금식령을 내렸다. 유다는
한마음으로 **하나님**의 도우심을 구했다. 유다 온 성읍에서
백성이 나아와 **하나님**께 기도했다.
5-9 그때 여호사밧이 **하나님**의 성전의 새 안뜰 앞쪽, 유다
와 예루살렘 회중 앞에 자리하고 **하나님**께 아뢰었다. "**하나
님** 우리 조상의 하나님, 주께서는 위로 하늘의 하나님이시
요 아래로 온 나라의 통치자가 아니십니까? 모든 권세와 능
력이 주님의 손안에 있으니 누구도 주님을 당해 낼 수 없습
니다! 주께서는 이 땅 원주민들을 내보내시고 주의 백성 이
스라엘을 들이셨으며, 이 땅을 주님의 백성 이스라엘, 곧 주
님의 친구 아브라함의 후손에게 영원히 넘기지 않으셨습니

까? 우리는 그동안 이곳에 살면서, 주님을 높이는 거룩한
예배 처소를 짓고 이렇게 아뢰었습니다. '최악의 사태가 벌
어질 때—전쟁이든 홍수든 질병이든 기근이든—우리가 이
성전 앞에 나아와(우리는 주께서 친히 이곳에 임재하심을 압니
다!) 고통과 환난 가운데 부르짖어 기도하면, 주께서 들으시
고 승리를 주실 줄 믿습니다.'
10-12 그런데 지금 그런 상황이 벌어졌습니다. 암몬 사람과
모압 사람과 세일 산 사람들이 나타났습니다. 우리가 처음
이곳에 이르렀을 때, 주께서는 이스라엘이 그들을 건드리지
못하게 하셨습니다. 우리는 그들을 돌아서 갔고 해를 입히
지 않았습니다. 그런데 이제 그들이 주께서 우리에게 주신
이 땅에서 우리를 쫓아내려 합니다. 사랑하는 하나님, 주께
서 그들을 처치해 주지 않으시겠습니까? 우리를 공격하려
는 저 야만의 무리 앞에서 우리는 무력합니다. 우리가 어찌
할 바를 모르고 주님만 바라보고 있습니다."
13 온 유다 사람이 거기 있었다. 어린아이와 아내와 자녀들
할 것 없이 모두가 **하나님** 앞에서 그분께 집중하고 있었다.
14-17 그때 **하나님**의 영에 감동을 받은 야하시엘이 회중 가운
데서 말했다(야하시엘은 아삽 가문의 레위인 스가랴의 아들이
고, 스가랴는 브나야의 아들, 브나야는 여이엘의 아들, 여이엘은
맛다냐의 아들이다). "모두 잘 들으십시오. 성읍에서 온 여러
분, 예루살렘에 사는 여러분, 그리고 여호사밧 왕이시여, **하
나님**의 말씀입니다. '두려워하지 마라. 너희는 저 야만의 무

리에 조금도 마음 쓸 필요 없다. 이것은 너희의 전쟁이 아니
라 하나님의 전쟁이다. 내일 너희가 그들을 쫓아 내려가면,
그들이 이미 시스 비탈을 올라오고 있을 것이다. 여루엘 광
야 근처 골짜기 끝에서 너희가 그들과 마주칠 것이다. 이 싸
움에서 너희는 손 하나 까딱할 필요 없다. 유다와 예루살렘
아, 그저 굳건히 서서, **하나님**이 너희를 어떻게 구원하는지
지켜보아라. 두려워하지 마라. 흔들리지 마라. 내일 담대히
진군해 나가거라. **하나님**이 너희와 함께할 것이다.'"
18-19 그러자 여호사밧이 무릎을 꿇어 얼굴을 땅에 대고 엎드
렸다. 온 유다와 예루살렘도 그와 똑같이 **하나님** 앞에 엎드
려 예배했다. 레위인들(고핫 자손과 고라 자손 모두)은 일어서
서 **하나님** 이스라엘의 하나님을 찬양했다. 그들은 목청껏
소리 높여 찬양했다!
20 유다는 아침 일찍 일어나 드고아 광야로 진격할 준비를
마쳤다. 그들이 떠날 때 여호사밧이 일어서서 말했다. "유
다와 예루살렘이여, 내가 하는 말을 들으시오! **하나님** 여러
분의 하나님을 굳건히 믿어야 합니다. 그러면 여러분의 목
숨도 굳건할 것입니다! 여러분의 예언자들을 믿으십시오.
그러면 여러분이 승리할 것입니다!"
21 여호사밧은 백성과 의논하여 **하나님**을 위한 찬양대를 임
명했다. 그들은 거룩한 예복을 입고 군대 앞에 서서 행진하
며 노래했다.

하나님께 감사하여라.
그분의 사랑은 끝이 없으시다.

22-23 그들이 외치며 찬송하기 시작하자, 하나님께서 유다를
치러 온 암몬, 모압, 세일 산 사람들을 칠 복병을 두셔서, 그
들을 모두 처리하셨다. 먼저 암몬과 모압 사람들이 잘못 알
고 세일 산 사람들을 쳐서 죽였다. 그 다음에는 그들이 더 큰
혼란에 빠져서, 서로를 공격하여 결국에는 다 죽고 말았다.
24 유다 사람들이 등성이 위로 올라가 광야의 야만인 무리를
찾아보니, 시체들로 가득한 살육의 현장이 펼쳐져 있었다.
생존자가 아무도 없었다.
25-26 여호사밧과 그의 백성이 전리품을 챙기려고 가 보니,
한번에 다 챙길 수 없을 정도로 장비, 의복, 귀중품들이 많
이 있었다. 그것들을 모두 실어 나르는 데 사흘이나 걸렸다!
나흘째 되던 날에 그들은 찬양(브라가)의 골짜기에 모여 하
나님을 찬양했다(그래서 찬양의 골짜기라는 이름이 붙었다).
27-28 여호사밧은 유다와 예루살렘의 모든 사람을 이끌고 예
루살렘으로 돌아왔다. 흥겨운 행렬이었다. 하나님께서 그들
을 적들에게서 구해 내시고 큰 기쁨을 주셨다! 그들은 모든
악기를 연주하며 예루살렘에 들어가 하나님의 성전에 이르
렀다.
29-30 하나님께서 이스라엘의 적들과 싸우셨다는 소문이 주
변 나라에 퍼지자, 하나님을 두려워하는 마음이 그들을 사

로잡았다. 여호사밧은 이후로 그들에 관한 소식을 듣지 못
했다. 여호사밧이 통치하는 동안 평화가 임했다.
31-33 여호사밧의 유다 통치는 다음과 같이 요약된다. 그는
왕이 되었을 때 서른다섯 살이었고, 예루살렘에서 이십오
년 동안 다스렸다. 그의 어머니는 실히의 딸 아수바다. 여호
사밧은 아버지 아사가 걸어간 길에서 멈춰 서거나 벗어나지
않고, 그의 삶으로 **하나님**을 기쁘게 해드렸다. 그러나 지역
의 음란한 종교 산당들은 없애지 않았으므로, 백성이 계속
해서 이 산당들을 찾아가 기도하고 예배했다.
34 여호사밧의 나머지 생애는 '이스라엘 왕 연대기'에 들어
있는 하나니의 아들 예후의 회고록에 처음부터 끝까지 기록
되어 있다.
35-37 여호사밧은 늘그막에 이스라엘 왕 아하시야와 무역 협
정을 맺었는데, 이는 아주 잘못된 일이었다. 여호사밧은 다
시스와 거래하기 위해 아하시야의 동업자가 되어 에시온게
벨에서 원양 선박들을 지었다. 그러자 마레사 사람 도다와
후의 아들 엘리에셀이 여호사밧의 위험한 시도를 나무랐다.
"왕이 아하시야와 손을 잡았으므로, **하나님**께서 왕의 일을
무산시키셨습니다." 선박들은 난파되어 완전히 부서졌고,
여호사밧은 그 무역 협정에서 아무런 성과도 얻지 못했다.

21

[1] 여호사밧은 죽어서 다윗 성의 가족 묘지에 묻혔다. 그의 아들 여호람이 뒤를 이어 왕이 되었다.

유다 왕 여호람

2-4 여호람의 형제들은 아사랴, 여히엘, 스가랴, 아사랴후,
미가엘, 스바댜다. 이들은 유다 왕 여호사밧의 아들들이다.
이들의 아버지는 아들들에게 은과 금과 다른 귀중품에 더하
여 유다의 요새 성읍들까지 아낌없이 선물로 주었다. 하지
만 왕권은 맏아들인 여호람에게 물려주었다. 그러나 여호람
은 아버지의 나라를 물려받아 왕위를 굳건하게 하고 나서,
몇몇 관리와 자기 형제들을 모두 죽였다.
5-7 여호람은 왕이 되었을 때 서른두 살이었고, 예루살렘에
서 팔 년 동안 다스렸다. 그는 이스라엘 왕들을 본받았고 아
합 왕조와 결혼했다. **하나님**께서는 그를 악한 왕으로 여기
셨다. 그러나 다윗과의 언약을 생각하여 다윗 자손을 선뜻
멸하지 않으셨다. 다윗과 그의 자손을 위해 등불이 계속 타
오르게 하겠다고 약속하셨기 때문이다.
8-9 여호람이 다스리는 동안, 에돔이 유다의 통치에 반기를
들고 자신들의 왕을 세웠다. 그래서 여호람은 지휘관과 전
차들을 거느리고 출정했다. 에돔에게 포위되었지만, 여호
람은 한밤중에 전차병들과 함께 전선을 뚫고 나가서 에돔에
큰 타격을 입혔다.
10-11 에돔은 오늘까지도 계속해서 유다에 반역하고 있다. 작

은 성읍인 립나도 그때 반역했다. 여호람이 **하나님** 자기 조상의 하나님을 버렸으므로, 하나님께서도 그를 버리신 것이다. 심지어 그는 유다 산지에 이방 종교 산당들을 짓기까지 했다. 그는 뻔뻔스럽게도 예루살렘이 하나님을 떠나게 했고, 온 나라를 미혹되게 이끌었다.

12-15 하루는 예언자 엘리야가 그에게 다음과 같은 편지를
보냈다. "**하나님** 왕의 조상 다윗의 하나님의 메시지입니
다. '네가 유다 왕들, 곧 네 아버지 여호사밧과 할아버지
아사의 길을 따르지 않고 북쪽 이스라엘 왕들의 길로 빠
져, 유다와 예루살렘이 하나님을 떠나게 하고 아합과 그
무리가 걸었던 배교의 길을 한 걸음씩 따라갔으니—너는
네 친형제들까지 죽였으니 오히려 그들보다 못한 자다!—
하나님이 네 백성, 네 아내, 네 아들, 네 모든 소유를 끔찍
한 재앙으로 칠 것이다. 그리고 너는 창자에 고통스럽고
수치스런 중병이 들 것이다.'"

16-20 재앙은 침략으로 시작되었다. **하나님**께서 블레셋 사람
과 에티오피아 근처에 사는 아랍 사람을 일으켜 여호람을
공격하게 하셨다. 그들은 유다 국경을 넘어 쳐들어와 유다
를 약탈했다. 왕의 아내와 아들들까지, 왕궁에 있는 모든 것
을 약탈했다. 남은 사람이라고는 막내아들 아하시야뿐이었
다. 이 일이 있은 뒤에, 여호람의 창자에 끔찍한 중병이 들
었다. 이 년쯤 후에 그는 대변마저 가리지 못하게 되었고,
결국 고통 가운데 몸부림치며 죽었다. 백성은 그를 높이지

않았고, 왕이 죽을 때 큰 모닥불을 피우는 관례마저 따르지 않았다. 여호람은 왕이 되었을 때 서른두 살이었고, 예루살렘에서 팔 년 동안 통치했다. 그가 죽었을 때는 아무도 눈물을 흘리지 않았다—오히려 그가 죽어 속이 다 시원했다!—사람들은 그를 다윗 성에 묻었으나, 왕실 묘지에 안장하지는 않았다.

유다 왕 아하시야

22 1-6 예루살렘 백성이 여호람의 막내아들 아하시야를 왕으로 삼았다. 그 위의 아들들은 전에 아랍 사람과 함께 유다 진영에 쳐들어왔던 사막의 습격대에게 모두 학살당했다. 그렇게 해서 유다 왕 여호람의 아들 아하시야가 왕이 되었다. 아하시야는 스물두 살에 왕위에 올라 예루살렘에서 일 년밖에 통치하지 못했다. 그의 어머니는 오므리의 손녀 아달랴다. 아달랴가 그를 악한 길로 이끌어, 그는 아합 가문이 행한 대로 살고 다스렸으며, **하나님** 보시기에 악한 길을 이어 갔다. 결혼이나 죄짓는 것으로도 아합 가문과 한통속이었다. 아버지가 죽은 뒤에 그는 아합의 죄를 배우고 또 배우다가 결국 파멸을 맞이했다. 그는 아합 가문 사람들이 가르친 대로 행하여, 이스라엘 왕 아합의 아들 요람과 함께 길르앗 라못에서 아람 왕 하사엘과 전쟁을 벌였다. 아람 사람에게 부상을 입은 요람은, 전쟁중에 라마에서 입은 부상을 치료하기 위해 이스르엘로 물러났다. 유다

왕 여호람의 아들 아하시야는 병상에 있는 아합의 아들 요람을 문병하러 이스르엘로 갔다.

7-9 문병을 간 아하시야에게는 하나님의 심판이 기다리고 있었다. 이스르엘에 도착한 그는 요람과 함께 님시의 아들 예후와 마주쳤다. **하나님**께서는 이미 예후에게 아합 왕조를 멸망시킬 권한을 주셨다. 아합 왕조를 멸하기 시작한 예후는, 아하시야 위문단의 일부인 유다의 군지휘관들과 아하시야의 조카들을 우연히 만난 자리에서 그들을 죽였다. 그는 또 수색대를 보내 아하시야를 찾게 했다. 수색대가 사마리아에 숨어 있던 아하시야를 찾아내 예후에게로 끌고 오자, 예후가 그를 죽였다.

그러나 그들은 그의 시체를 그곳에 버려두지 않았다. **하나님**을 전심으로 찾았던 그의 할아버지 여호사밧을 존중하여 정성껏 장례를 치러 주었다. 아하시야 가문에는 나라를 다스릴 만한 사람이 하나도 남아 있지 않았다.

유다 여왕 아달랴

10-12 아하시야의 어머니 아달랴는 아들이 죽은 것을 보고는, 정권을 잡았다. 그녀는 먼저 왕족을 모두 죽이기 시작했다. 그러나 여호람 왕의 딸 여호세바가 죽을 운명에 처한 왕자들 중에서 아하시야의 아들 요아스를 몰래 빼냈다. 그녀는 아달랴를 피해 요아스와 그 유모를 은밀한 곳에 숨겼다. 이렇게 해서 여호람 왕의 딸이자 아하시야의 누이인 여호세바

는—그녀는 제사장 여호야다의 아내이기도 했다—잔인무도한 아달랴 여왕의 손에서 요아스를 구해 냈다. 요아스는 여호세바와 함께 육 년 동안 하나님의 성전에서 숨어 지냈다. 아달랴는 그가 살아 있는 줄 모른 채 나라를 다스렸다.

23

1-3 칠 년째 되던 해에, 제사장 여호야다는 행동에 나서기로 결심하고, 몇몇 영향력 있는 군지휘관들과 함께 작전을 짰다. 그는 여로함의 아들 아사랴, 여호하난이 아들 이스마엘, 오벳의 아들 아사랴, 아다야의 아들 마아세야, 시그리의 아들 엘리사밧을 조력자로 선택했다. 그들은 유다 전역으로 흩어져, 모든 성읍에서 각 가문의 족장과 레위인들을 불러들였다. 그들은 예루살렘에 모였다. 하나님의 성전 안에서 회합을 열고, 그곳에서 그들은 언약을 맺었다.
3-7 제사장 여호야다는 그들에게 어린 왕자를 보이며 이렇게 말했다. "여기 왕의 아들이 있습니다. **하나님**께서 다윗의 자손을 두고 약속하신 대로 그가 다스려야 합니다. 여러분은 이제 이렇게 하십시오. 안식일에 당번인 제사장과 레위인들 가운데 삼분의 일은 문지기로 배치하고, 삼분의 일은 왕궁을 지키고, 나머지 삼분의 일은 기초 문을 지키십시오. 백성은 모두 **하나님**의 성전 안뜰에 모일 것입니다. 제사장과 지정된 레위인들 외에는 아무도 **하나님**의 성전에 들어갈

수 없습니다. 그들은 거룩하게 구별되었으니 들어가도 되지
만, 일반 백성은 맡은 일을 해야 합니다. 레위인들은 무장한
채로 어린 왕을 둘러싸십시오. 여러분의 대열을 뚫고 지나
가려는 자는 누구를 막론하고 죽여야 합니다. 왕이 출입하
실 때에는 언제 어디서나 왕 옆을 지켜야 합니다."
8-10 모든 레위인과 지휘관들은 제사장 여호야다의 지시에
따랐다. 각자 안식일에 당번인 부하들과 비번인 부하들을
통솔했다. 제사장 여호야다가 안식일에 비번인 사람들마저
집으로 돌려보내지 않았기 때문이다. 이어서 제사장은 다윗
왕이 준비해 하나님의 성전에 보관해 두었던 창과 크고 작
은 방패로 지휘관들을 무장시켰다. 무장한 호위병들은 왕을
보호하기 위해 성전 한쪽 끝에서 반대쪽 끝까지 저마다 맡
은 자리로 가서 제단과 성전을 에워쌌다.
11 그때 제사장이 왕자를 데리고 나와 그에게 왕관을 씌우
고, 하나님의 언약이 담긴 두루마리를 준 뒤에 그를 왕으로
삼았다. 여호야다와 그의 아들들이 그에게 기름을 붓자, 사
람들이 "요아스 왕 만세!"를 외쳤다.
12-13 아달랴가 이 모든 소동과 사람들이 돌아다니는 소리와
왕을 칭송하는 함성을 듣고, 무슨 일인가 보려고 성전으로
갔다. 그녀는 어린 왕이 성전 입구에서 양옆에 군지휘관과
전령들의 호위를 받으며 서 있는 모습을 보고 깜짝 놀랐다.
모두 나팔을 불며 크게 기뻐했다. 찬양대와 악기 연주자들
이 찬송을 인도했다. 아달랴는 당황하여 옷을 찢으며 "반역

이다! 반역이다!" 하고 소리쳤다.
14-15 제사장 여호야다가 군지휘관들에게 명령했다. "저 여
자를 밖으로 끌어내시오. 저 여자를 따르는 자는 모두 쳐죽
이시오!" (제사장은 "**하나님**의 성전 안에서는 그녀를 죽이지 말
라"고 일러두었다.) 그래서 그들은 그녀를 끌어내어 왕궁 마
구간 앞에서 죽였다.
16 여호야다는 자신과 왕과 백성 사이에 언약을 맺었다. 그
들은 이제 **하나님**의 특별한 백성이 되기로 맹세했다.
17 백성은 바알 신전으로 몰려가 그 신전을 허물고, 제단과
우상들을 산산이 깨뜨려 부수었다. 바알의 제사장 맛단을
제단 앞에서 죽였다.
18-21 여호야다는 다윗이 처음에 지시한 대로, **하나님**의 성전
관리를 제사장과 레위인들에게 맡겼다. 그들은 모세의 계시
에 나와 있는 대로 **하나님**께 번제를 드리되, 다윗이 지시한
찬양과 노래와 함께 드려야 했다. 그는 또 **하나님**의 성전 문
마다 문지기를 배치하여, 준비되지 않은 자는 아무도 들어가
지 못하게 했다. 그러고 나서 모인 모든 사람—군지휘관과
귀족과 지방 행정관과 모든 백성—과 함께 왕을 호위했다.
그들은 **하나님**의 성전에서 내려와 윗문을 지나서 왕을 왕좌
에 앉혔다. 모두가 이를 기뻐했다. 아달랴의 죽음으로 공포
정치가 사라지자, 도성은 안전하고 평온한 곳이 되었다.

유다 왕 요아스

24

1 요아스는 왕이 되었을 때 일곱 살이었다. 그는
예루살렘에서 사십 년 동안 다스렸다. 그의 어
머니는 브엘세바 출신 시비아(영양)다.
2-3 제사장 여호야다의 가르침을 받은 요아스는 여호야다가
살아 있는 동안 **하나님**을 기쁘게 해드렸다. 여호야다가 그
에게 두 아내를 골라 주어, 그는 아들딸을 두고 한 가문을
이루었다.
4-6 그 후에 요아스는 **하나님**의 성전을 새롭게 단장하기로
결심했다. 그는 제사장과 레위인들을 모아 놓고 말했다.
"해마다 유다 성읍들을 두루 다니며 하나님의 성전을 보수
할 돈을 백성에게서 거두시오. 여러분이 책임지고 이 일을
수행해야 하오." 그러나 레위인들은 꾸물거리며 아무 일도
하지 않았다.
7 그러자 왕은 대제사장 여호야다를 불러들여 말했다. "그
대는 어찌하여 레위인들로 하여금 **하나님**과 회중의 종 모세
가, 예배 처소의 유지를 위해 정한 세금을 유다와 예루살렘
에서 거둬들이게 하지 않았소? 보다시피 상황이 아주 심각
하오. 악한 아달랴 여왕과 그 아들들이 하나님의 성전을 파
괴하고 그 안에 있는 거룩한 기물들을 모두 가져다가 바알
을 숭배하는 데 사용했소."
8-9 레위인들은 왕의 지시에 따라, 궤 하나를 만들어 **하나님**
의 성전 입구에 두었다. 그리고 온 유다와 예루살렘에 공포

하여 세금을 내도록 했다. "이스라엘이 광야에 있을 때 **하나**
님의 종 모세가 정한 세금을 바치시오."
10 백성과 지도자들이 즐거운 마음으로 돈을 가져오자 마
침내 궤가 가득 찼다.
11-14 레위인들은 왕궁의 감사를 받기 위해 궤를 가져왔는데,
그들이 궤가 가득 찬 것을 보여주면 그때마다 왕의 서기관
과 대제사장의 관리가 궤를 비우고 제자리에 도로 가져다
놓았다. 그들은 날마다 그렇게 하여 많은 돈을 모았다. 왕
과 여호야다는 돈을 성전 사업 관리자들에게 주었고, 그들
은 그것을 다시 **하나님**의 성전 보수 작업을 하는 석수와 목
수들에게 지불했다. 일꾼들이 꾸준히 일에 매진하여 마침내
성전이 복원되었다. 하나님의 집이 새것처럼 되었다! 작업
을 마친 뒤에 그들은 남은 돈을 왕과 여호야다에게 돌려주
었고, 왕과 여호야다는 그 돈으로 성전 예배에 쓸 거룩한 그
릇들, 곧 매일 드리는 예배와 번제에 쓸 그릇과 대접과 기타
금은 기구들을 만들었다.
14-16 여호야다의 평생 동안, **하나님**의 성전에서 번제가 정기
적으로 드려졌다. 그는 백서른 살까지 살다 죽었다! 그가 남
달리 이스라엘과 하나님과 하나님의 성전을 섬기는 삶을 살
았으므로, 사람들은 그를 왕실 묘지에 묻었다.
17-19 여호야다가 죽자 모든 것이 무너졌다. 유다 지도자들
이 왕에게 나아가 그를 부추기자, 왕은 그들과 함께 행동하
기 시작했다. 상황은 갈수록 악화되었다. 그들은 **하나님**의

성전을 버리고 음란한 여신들을 섬기는 이교에 빠져들었다. 이 죄 때문에 진노의 기운이 온 유다와 이스라엘을 덮었다. **하나님**께서는 그들을 바로잡으려고 예언자들을 보내셨다. 하지만 심판을 경고하는 그들의 말을 아무도 귀담아듣지 않았다.

20 그러자 하나님의 영이 제사장 여호야다의 아들 스가랴를 감동시켜 분명히 말하게 하셨다. "하나님의 말씀이다. 너희가 어찌하여 **하나님**의 계명을 거역하고 떠나느냐? 절대 그렇게 살아서는 안된다! 너희가 **하나님**을 버리면, 그분도 너희를 버리실 것이다."

21-22 그러나 사람들은 스가랴를 해칠 음모를 꾸몄고, 왕과 공모하여—실제로 그가 명령을 내렸다!—바로 **하나님**의 성전 뜰에서 돌로 쳐 그를 살해했다. 요아스 왕은 자기를 왕으로 세워 준 충성된 제사장 여호야다의 은혜를 그렇게 갚았다. 그는 여호야다의 아들을 살해했다. 스가랴는 죽으면서 이렇게 말했다. "보십시오, **하나님**! 저들로 하여금 이 일의 대가를 치르게 해주십시오!"

23-24 이듬해에 아람 군대가 요아스를 공격했다. 그들은 유다와 예루살렘을 침략하여 지도자들을 닥치는 대로 죽이고, 모든 전리품을 다마스쿠스의 왕에게 실어 갔다. 아람 군대는 보잘것없었지만, **하나님**께서는 그들을 사용하셔서 요아스의 대군을 쓸어버리셨다. 유다 백성이 **하나님** 그들 조상의 하나님을 버렸기 때문에 받은 벌이었다. 아람 사람들은

요아스를 심판하시는 하나님의 도구였다.
25-27 아람 군대는 요아스에게 중상을 입히고 물러갔는데, 결
국 그는 신하들의 손에 죽었다. 요아스가 제사장 여호야다
의 아들을 살해한 것을 복수하려는 왕궁과 성전 사람들의
음모였다. 그들은 요아스를 왕의 침대에서 죽였다. 나중에
그들이 그를 다윗 성에 묻었으나, 왕실 묘지의 무덤에 안장
하는 영예는 베풀지 않았다. 공모자는 암몬 출신 시므앗의
아들 사밧과 모압 출신 시므릿의 아들 여호사밧이었다. 요
아스의 아들들의 이야기, 요아스가 전해 들은 많은 말씀들,
그가 하나님의 성전을 보수한 기사는 왕조실록 주석에 기록
되어 있다.
요아스의 아들 아마샤가 뒤를 이어 왕이 되었다.

유다 왕 아마샤

25 1-4 아마샤는 왕이 되었을 때 스물다섯 살이었
고, 예루살렘에서 이십구 년 동안 다스렸다. 그
의 어머니는 예루살렘 출신 여호앗단이다. 그는 **하나님** 앞
에서 바르게 살았고 대부분 옳은 일을 행했으나, 하나님께
온 마음을 드리지는 않았다. 아마샤는 왕권을 확고히 장악
하게 되자, 그의 아버지 요아스를 암살한 왕궁 경비대들을
처형했다. 하지만 암살자들의 자녀는 죽이지 않았는데, 모
세에게 계시된 말씀에 나오는 명령—자녀의 죄 때문에 부
모를, 부모의 죄 때문에 자녀를 처형하지 말라고 하신 **하**

나님의 명령—을 유념했기 때문이다. 이는 각자가 자기
죄값을 직접 치르게 한 것이다.
5-6 아마샤는 유다 지파를 정비하고 유다와 베냐민 지파를
가문과 부대별로 나누었다. 스무 살 이상 된 남자들을 명
부에 등록하니, 군에 복무할 수 있는 사람이 300,000명이
었다. 또 그는 은 약 4.5톤을 들여 북쪽 이스라엘에서 군사
100,000명을 고용했다.
7-8 그러자 거룩한 사람이 나타나 말했다. "왕이시여, 안됩니
다. 북쪽 이스라엘 군사들을 왕의 군대에 넣지 마십시오. **하**
나님께서는 그들 편이 아니시며 에브라임 자손 누구와도 함
께하지 않으십니다. 홀로 힘써 싸우십시오. 오직 하나님만
이 왕의 일을 돕거나 막으실 수 있습니다."
9 아마샤가 거룩한 사람에게 물었다. "하지만 그들을 고용
하려고 이미 지불한 수톤의 은은 어떻게 하면 좋겠소?"
거룩한 사람이 대답했다. "그것보다 **하나님**의 도움이 왕께
훨씬 더 가치 있습니다."
10 그래서 아마샤는 고용한 북쪽 군사들을 해임하고 집으로
돌려보냈다. 일자리를 잃은 그들은 잔뜩 화가 나서 집으로
돌아갔다.
11-12 아마샤는 사태를 낙관했다. 그는 군대를 이끌고 소금
골짜기로 가서 세일 사람들 만 명을 죽였다. 또 다른 만 명
을 포로로 잡아 바위 꼭대기로 끌고 가서, 그들을 벼랑에서
떨어뜨렸다. 포로들은 모두 돌 위로 떨어져 몸이 산산이 부

서진 채 죽었다.
13 그러나 아마샤가 되돌려 보낸 북쪽 군사들이 약탈할 기회
를 잃은 데 분노하여, 사마리아부터 벳호론까지 온 유다 성
읍들을 미친 듯이 돌아다니며, 백성 삼천 명을 죽이고 많은
전리품을 빼앗아 갔다.
14-15 에돔 사람을 멸하고 돌아오는 길에, 아마샤는 세일 사
람의 신상을 가져와 자신의 신으로 세우고 그것들을 숭배하
며 향을 피웠다. 그 일로 하나님께서 크게 진노하셨다. 하나
님께서 보내신 한 예언자가 불같이 맹렬한 하나님의 진노를
이렇게 표현했다. "이제 어찌 된 일입니까? 그 신들은 왕에
게서 자기 백성을 구하지도 못했는데, 어찌 왕께서는 그 열
등한 신들, 왕보다 약한 신들에게 기도한단 말입니까?"
16 아마샤가 그의 말을 가로막았다. "내가 언제 네게 의견을
구했더냐? 닥쳐라! 그렇지 않으면 없애 버리겠다!"
예언자가 말을 그쳤지만, 마지막으로 한 마디 덧붙였다.
"단언하건대, 왕께서 제 말을 듣지 않고 이렇게 하시는 것을
보니, 하나님께서 왕을 내치기로 작정하신 모양입니다."

17 하루는 아마샤가 이스라엘 왕 예후의 손자요 여호아하스
의 아들인 여호아스에게 사절을 보내 싸움을 걸었다. "와서
나와 한번 겨루어 보겠는가? 어디, 한판 붙어 보자!"
18-19 이스라엘 왕 여호아스는 유다 왕 아마샤에게 회답했다.

"하루는 레바논의 엉겅퀴가 레바논의 백향목에게 '네 딸을 내 아들한테 시집보내라' 하고 전갈을 보냈다. 그런데 레바논의 들짐승이 지나가다 엉겅퀴를 밟아 뭉개 버렸다. 네가 전투에서 에돔을 물리쳤다는 이유로 스스로 대단한 줄 아는 모양인데, 으스대는 건 괜찮다만 집에 가만히 있는 편이 좋을 것이다. 욕심을 부리다 일을 그르칠 까닭이 무엇이냐? 네 자신과 유다에 멸망을 자초할 이유가 무엇이냔 말이다!"

20-22 그러나 아마샤는 그 말을 듣지 않았다. 그가 에돔 신들에게로 돌아섰기 때문에, 하나님께서는 여호아스를 들어 그를 치기로 작정하셨다. 이스라엘 왕 여호아스가 먼저 쳐들어가서 유다 왕 아마샤에게 맞섰다. 그들은 유다의 한 성읍 벳세메스에서 마주쳤다. 유다는 이스라엘에 완전히 패했고, 유다의 군사들은 뿔뿔이 흩어져 집으로 돌아갔다.

23-24 이스라엘 왕 여호아스는 아하시야의 손자요 요아스의 아들인 유다 왕 아마샤를 벳세메스에서 붙잡았다. 그는 거기서 그치지 않고 예루살렘까지 공격했다. 예루살렘 성벽을 에브라임 문에서 모퉁이 문까지 약 180미터 정도 허물고, 왕궁과 하나님의 성전에서 금, 은, 비품 등 가져갈 만한 것은 닥치는 대로 약탈했다. 거기다 인질들까지 사로잡아 사마리아로 돌아갔다.

25-26 유다 왕 요아스의 아들 아마샤는, 이스라엘 왕 여호아하스의 아들 여호아스가 죽은 뒤로도 십오 년 동안 왕으로 다스렸다. 아마샤의 나머지 생애와 시대는 '유다와 이스라

엘 왕 연대기'에 처음부터 끝까지 기록되어 있다.
27-28 아마샤의 말년, 곧 그가 **하나님**에게서 등을 돌린 뒤에,
사람들이 예루살렘에서 아마샤에게 반역하는 음모를 꾸몄
다. 그는 라기스로 도망쳤다. 그러나 사람들이 라기스까지
쫓아가서 그를 죽였다. 그들은 아마샤를 말에 싣고 돌아와,
예루살렘에 있는 다윗 성에 그의 조상과 함께 묻었다.

유다 왕 웃시야

26
1-2 유다 백성은 열여섯 살밖에 되지 않은 웃시
야를 데려다가 그의 아버지 아마샤를 대신하여
왕으로 삼았다. 아버지가 죽어 묻힌 뒤에, 웃시야는 가장 먼
저 엘랏을 재건하여 유다에 귀속시켰다.
3-5 웃시야는 왕이 되었을 때 열여섯 살이었고, 예루살렘에
서 오십이 년 동안 다스렸다. 그의 어머니는 예루살렘 출신
여골리야다. 그는 아버지 아마샤를 본받아 **하나님** 보시기에
바르게 행했다. 그는 하나님을 신실하게 찾았다. 그의 목자
이자 스승인 스가랴에게 가르침을 잘 받아, 하나님 앞에 순
종하며 경건하게 살았다. 스가랴가 살아 있는 동안 웃시야
는 경건한 삶을 살았다. 하나님께서 그에게 복을 주셨다.
6-8 웃시야는 위험을 무릅쓰고 블레셋 사람과 싸워 요새 성
읍인 가드, 야브네, 아스돗을 뚫고 쳐들어갔다. 그는 또 아
스돗과 기타 블레셋 지역에 성읍들을 세웠다. 하나님께서는
블레셋 사람, 구르바알의 아랍 사람, 마온 사람과의 여러 전

쟁에서 웃시야를 도우셨다. 암몬 사람도 그에게 조공을 바
쳤다. 웃시야의 명성은 멀리 이집트에까지 퍼졌다. 그는 아
주 막강해졌다.
9-10 웃시야는 예루살렘의 성 모퉁이 문과 골짜기 문, 성벽
모퉁이에 방어 망대를 세웠다. 지방에도 망대들을 세우고
물웅덩이를 팠다. 그는 아래 구릉지대와 바깥 평지에 소 떼
를 길렀고, 산지와 들판에 농부와 포도나무 가꾸는 사람들
도 두었다. 그는 이것저것 기르기를 좋아했다.
11-15 웃시야에게는 언제라도 싸울 수 있게 잘 준비된 막강한
군대가 있었다. 그의 군대는 서기관 여이엘, 야전 사령관 마
아세야, 작전 참모 하나냐의 지휘 아래 중대별로 조직되었
다. 군사들을 관할하는 가문 지도자들의 명단이 2,600명에
달했다. 그들 밑으로 307,000명 규모의 증원부대가 있고,
그중 500명이 상시경계에 임했다. 모든 공격에 대비한 왕
의 막강한 방어전략이었다. 웃시야는 방패, 창, 투구, 갑옷,
활, 물맷돌로 군사들을 철저히 무장시켰다. 또 예루살렘 망
대와 모퉁이마다 최신기술의 군 장비를 설치하여, 그것으로
화살을 쏘고 돌을 던지게 했다. 이 모든 일로 그의 명성이
사방으로 퍼졌다. 모든 것이 그의 뜻대로 되는 듯했다.
16-18 그러나 웃시야의 힘과 성공은 그를 자만에 빠뜨렸다.
그는 거만하고 교만해져 마침내 넘어지고 말았다. 어느 날
웃시야는 **하나님**을 업신여기고 **하나님**의 성전이 제 소유인
양 그 안에 들어가서, 향 제단에 직접 향을 피웠다. 제사장

아사랴가 그를 말렸고 **하나님**의 용감한 제사장 팔십 명도 만류했다. 그들은 웃시야를 가로막고 말했다. "웃시야 왕이시여, 이러시면 안됩니다. 이것은 있을 수 없는 일입니다. 거룩하게 구별된 아론 자손의 제사장들만이 향을 피울 수 있습니다. 하나님의 성전에서 나가십시오. 이는 옳지 않으며 부끄러운 일입니다!"

19-21 그러나 손에 향로를 들고 이미 분향을 시작한 웃시야는, 화를 내며 제사장들을 물리쳤다. 그는 제정신이 아니었다. 그들이 서로 분노의 말을 쏟아내며 말다툼하고 있는 중에, 웃시야 왕의 이마에 피부병이 생겼다. 그것을 보자마자, 대제사장 아사랴와 다른 제사장들이 재빨리 그를 성전에서 내보냈다. 그가 급히 나갔다. **하나님**께서 자기에게 병을 주셨음을 웃시야도 알았다. 웃시야는 죽을 때까지 피부병을 앓았고 격리된 채 여생을 보냈다. 그는 **하나님**의 성전에 발을 들여놓을 수 없었다. 왕궁을 관리하던 그의 아들 요담이 왕위를 이어받았다.

22-23 웃시야의 나머지 역사는 아모스의 아들인 예언자 이사야가 처음부터 끝까지 기록했다. 웃시야가 죽자, 사람들은 그를 왕실 묘지 옆의 밭에 그의 조상과 함께 묻었다. 피부병 때문에 그는 왕실 묘지에 묻힐 수 없었다. 그의 아들 요담이 뒤를 이어 왕이 되었다.

유다 왕 요담

27 1-2 요담은 왕이 되었을 때 스물다섯 살이었고,
예루살렘에서 십육 년 동안 다스렸다. 그의 어
머니는 사독의 딸 여루사다. 그는 아버지 웃시야를 본받아
하나님 보시기에 선한 삶을 살았다. 다만 아버지와 달리
그는 **하나님**의 성전을 모독하지 않았다. 그러나 백성은 무
섭게 타락해 갔다.
3-6 요담은 **하나님**의 성전 윗문을 건축하고 오벨 성벽도 크
게 연장했다. 유다 고지대에 성읍을 세우고 아래 숲 속에 성
채와 망대를 지었다. 그는 암몬 사람의 왕과 싸워 이겼다.
그해 암몬 사람은 은 3.25톤, 밀 약 2,200킬로리터, 보리
2,200킬로리터를 바쳤다. 그들은 그 다음 두 해에도 똑같이
바쳤다. 요담의 능력은 **하나님**께 순종하려는 단호하고 한결
같은 삶에서 나왔다.
7-9 요담이 치른 여러 전쟁과 그의 업적을 비롯한 나머지 역
사는 '이스라엘과 유다 왕 연대기'에 모두 기록되어 있다. 그
는 왕이 되었을 때 스물다섯 살이었고, 예루살렘에서 십육
년 동안 다스렸다. 요담은 죽어서 다윗 성에 묻혔다. 그의
아들 아하스가 뒤를 이어 왕이 되었다.

유다 왕 아하스

28 1-4 아하스는 왕이 되었을 때 스무 살이었고, 예
루살렘에서 십육 년 동안 다스렸다. 그는 **하나**

님 보시기에 바르게 살지 못했고, 조상 다윗을 전혀 본받지 않았다. 오히려 그는 북쪽 이스라엘의 길을 따랐고, 이방 바알 신들을 숭배하기 위해 금속 신상을 부어 만들기까지 했다. 그는 벤힌놈 골짜기에서 금지된 향을 피우는 일에 가담했고, "자기 아들들을 불 가운데로 지나게 하는" 극악무도한 행위를 일삼았다. 그는 참으로 가증한 일들을 **하나님**께서 일찍이 그 땅에서 쫓아내신 이방인들에게서 배웠다. 또 곳곳에서 성행하는 지역의 음란한 종교 산당들의 활동에도 가담했다.

5-8 **하나님**께서는 그 모든 일을 더 이상 참으실 수 없어, 아하스를 아람 왕 손에 넘기셨다. 아람 왕이 그를 치고 수많은 포로를 다마스쿠스로 데려갔다. 또 하나님께서 그를 이스라엘에 맡기신 결과 끔찍한 살육이 벌어졌다. 르말랴의 아들 베가는 하루에 120,000명을 죽였는데, 모두 최고의 용사들이었다. 이 모든 일이 일어난 것은, 유다가 **하나님** 그들 조상의 하나님을 버렸기 때문이다. 뿐만 아니라 에브라임의 영웅 시그리는 왕의 아들 마아세야, 왕궁 관리인 아스리감, 왕의 다음 서열인 엘가나를 죽였다. 그것이 끝이 아니었다. 이스라엘 사람들은 사마리아로 엄청난 양의 전리품을 실어 갔을 뿐만 아니라, 남자와 여자와 아이들 200,000명을 사로잡아 갔다.

9-11 **하나님**의 예언자 오뎃이 그 가까이에 있었다. 그는 사마리아로 들어가는 군대를 맞으며 말했다. "그 자리에 멈추어

들으시오! **하나님** 당신들 조상의 하나님께서 유다에 진노하셔서, 당신들을 사용해 그들을 벌하신 것은 사실이오. 하지만 당신들은 주제넘게 나서서, 부당하고 불합리한 분노를 쏟아내며 유다와 예루살렘에서 온 형제들을 종으로 삼으려고 하고 있소. 이것이 당신들의 **하나님**께 끔찍한 죄를 짓는 일인지 모르겠소? 이제 주의하여 행동해야 하오. 정확히 내가 이르는 대로 하시오. 이 포로들을 마지막 한 사람까지 다 돌려보내시오. 그렇게 하지 않으면, 당신들은 **하나님**의 진노가 어떻게 나타나는지 똑똑히 보게 될 것이오."

12-13 몇몇 에브라임 지도자들—요하난의 아들 아사랴, 무실
레못의 아들 베레갸, 살룸의 아들 여히스기야, 하들래의 아들 아마사—이 귀환하는 군대를 막아서며 말했다. "포로들을 이곳으로 들이지 마시오! 우리는 이미 **하나님**께 죄를 지었소. 그런데 지금 당신들은 우리의 죄와 허물을 더 심각하게 만들려 하고 있소. 이대로도 우리는 죄가 너무 많아서, 하나님의 진노가 언제 폭발할지 모르는 상황이오."

14-15 그러자 군사들은 포로와 전리품을 모두 지도자와 백성
에게 넘겼다. 그들 중에 지명된 사람들이 포로들을 모아 놓고, 벌거벗은 사람에게는 전리품 가운데서 옷을 찾아 입혀 주었다. 맨발인 사람에게는 신을 신겨 주고, 모두에게 먹을 것도 충분히 주었다. 또 부상자들은 응급치료를 해주고, 약한 사람들은 나귀에 태워 야자수 성읍 여리고로 데려가서, 가족들에게 돌려보냈다. 그러고 나서 그들은 사마리아로

돌아갔다.
16-21 그 즈음에 아하스 왕은 앗시리아 왕에게 사람을 보내어
직접 도움을 구했다. 에돔 사람이 다시 쳐들어와서 유다에
엄청난 타격을 입히고 많은 사람들을 포로로 잡아갔기 때문
이다. 엎친 데 덮친 격으로, 블레셋 사람이 서쪽 구릉지대
와 남쪽 광야의 성읍들을 습격하여 벳세메스, 아얄론, 그데
롯과 소고, 딤나, 김소와 그 주변 마을들까지 점령하여 그곳
에 들어와 살았다. 교만한 아하스 왕은 마치 하나님의 도움
이 없어도 된다는 듯 행세하여, 타락을 전염병처럼 퍼지게
했다. **하나님**께서는 유다를 낮추셔서 도움을 구하러 다니는
처지가 되게 하셨다. 그러나 앗시리아 왕 디글랏빌레셀은
그를 도울 마음이 전혀 없었다. 오히려 아하스를 공격하고
괴롭혀 그에게 굴욕만 안겨 주었다. 다급해진 아하스는, **하
나님**의 성전과 왕궁과 생각나는 곳을 샅샅이 털어 긁어모은
것들을 앗시리아 왕에게 주었다. 그러나 그 대가로 그가 얻
은 것은 하나도 없었다. 손톱만큼의 도움도 받지 못했다.
22-25 상황이 이러한데도 아하스 왕은 깨닫지 못했다. 사방에
서 공격을 받고 있는데도 계속해서 **하나님**을 대적했다! 그
는 다마스쿠스의 신들에게 제물을 바쳤다. 막 다마스쿠스에
패한 그는 "내가 다마스쿠스를 도운 신들을 섬기면 그 신들
도 나를 도와주겠지" 하고 생각했다. 그러나 상황은 더 악화
될 뿐이었다. 아하스의 삶이 먼저 망가지더니, 결국 나라 전
체가 폐허가 되고 말았다. 아하스는 하나님의 성전에서 쓸

만한 귀중품들을 모조리 꺼내고는 성전 문들에 판자를 쳐서
막아 버렸고, 예루살렘 곳곳에 자기가 드나들 이방 산당들
을 세웠다. 예루살렘뿐 아니라 유다 온 지역에도 산당들을
짓고, 시장에 나와 있는 신이라는 신은 모조리 숭배했다. **하
나님**께서 크게 진노하셨다!
26-27 악명 높은 아하스의 나머지 생애와 그가 행한 모든 일
이 '유다와 이스라엘 왕 연대기'에 처음부터 끝까지 기록되
어 있다. 아하스가 죽자, 사람들은 그를 예루살렘에 묻었다.
그러나 그는 왕들의 묘지에 안장되는 영예는 누리지 못했
다. 그의 아들 히스기야가 뒤를 이어 왕이 되었다.

유다 왕 히스기야

29 1-2 히스기야는 왕이 되었을 때 스물다섯 살이었
다. 그는 예루살렘에서 이십구 년 동안 다스렸
다. 그의 어머니는 스가랴의 딸 아비야다. **하나님** 보시기에
그는 선한 왕이었다. 그는 조상 다윗을 그대로 본받았다.
3-9 왕이 되던 첫해 첫째 달에, 히스기야는 **하나님**의 성전 문
들을 먼저 보수한 뒤에 그 문을 백성에게 활짝 열었다. 그
는 또 제사장과 레위인들을 동쪽 뜰에 모아 놓고 이렇게 말
했다. "레위인들이여, 들으시오! 그대들은 스스로를 정결하
게 하고 **하나님**의 성전을 성결하게 하시오. 더럽혀질 대로
더럽혀진 이곳을 깨끗이 청소하시오. 우리 조상들은 잘못
된 길로 갔고 **하나님** 앞에 악하게 살았소. 그들은 하나님을

버리고, **하나님**을 만나는 곳인 이 집을 등지고 떠났소. 문마다 판자를 쳐서 막고, 등불을 끄고, 거룩한 성전에서 이스라엘의 **하나님**께 드리는 예배를 모두 없애 버렸소. 그 때문에 **하나님**의 진노가 활활 타올라 그분께서 그들을 재앙의 본보기, 교훈을 주는 경계의 표본으로 삼으셨소. 이것을 보고 들으시오! 우리 조상들이 죽임을 당한 것도, 우리 아내와 아들딸들이 포로로 잡혀가 종이 된 것도 이 때문이오.
10-11 나는 이스라엘의 **하나님**과 언약을 맺고 역사의 방향을
바꾸기로 결심했소. **하나님**께서 더 이상 우리에게 진노하시지 않도록 말이오. 레위 자손들이여, 이 일에 꾸물거리지 마시오! **하나님**께서 그대들을 택하시고 그분 앞에 서서 예배를 드리고 인도하는 일로 섬기게 하셨소. 이것이 그대들의 평생의 직무요. 이 일을 잘 완수하시오."
12-17 레위인들이 일어서니, 고핫 자손 중에 아마새의 아들
마핫과 아사랴의 아들 요엘, 므라리 자손 중에 압디의 아들 기스와 여할렐렐의 아들 아사랴, 게르손 자손 중에 심마의 아들 요아와 요아의 아들 에덴, 엘리사반 자손 중에 시므리와 여우엘, 아삽 자손 중에 스가랴와 맛다냐, 헤만 가문 중에 여후엘과 시므이, 여두둔 가문 중에 스마야와 웃시엘이 나왔다. 그들은 형제들과 함께 나와서 스스로를 정결하게 하고, 왕이 지시한 대로—**하나님**께서 지시하신 대로!—**하나님**의 성전 정화 작업에 착수했다. 제사장들은 안에서부터 시작해서 밖으로 작업해 나갔다. 성전 안에 쌓여 있는 더러

운 잡동사니—거룩한 곳에 있어서는 안될 이방 종교의 쓰레기들—를 치우고, 레위인들이 그것을 기드론 골짜기로 가져갔다. 그들은 첫째 달 초하루에 성전 정화를 시작하여, 여덟째 날에는 바깥 현관까지 작업했다. 성전을 깨끗이 하고 성결하게 하는 데만 팔 일이 걸렸고, 성전 보조물까지 마치는 데 또 팔 일이 걸렸다.

18-19 그러고 나서 그들은 히스기야 왕에게 보고했다. "번제단과 임재의 빵을 차려 놓는 상과 거기에 딸린 기구들까지 포함하여 **하나님**의 성전 전체를 깨끗이 했습니다. 또 아하스 왕이 악한 정치를 하면서 치워 둔 그릇들도 모두 깨끗이 닦고 성결하게 했습니다. 보십시오. 우리가 그것들을 원래대로 복구하여 **하나님**의 제단 앞에 모두 가져다 놓았습니다."

20-24 그러자 히스기야 왕은 일을 시작했다. 그는 성읍 지도자들을 모두 불러 모아, **하나님**의 성전으로 나아왔다. 그들은 왕실과 성소와 유다 전체의 죄를 속죄 받으려고 황소 일곱 마리, 숫양 일곱 마리, 어린양 일곱 마리, 숫염소 일곱 마리를 속죄 제물로 가져왔다. 히스기야는 아론의 자손 제사장들에게 지시하여 그것들을 **하나님**의 제단에 제물로 바치게 했다. 제사장들은 황소들을 잡아 그 피를 제단 위에 뿌리고, 이어 숫양과 어린양들도 똑같이 했다. 마지막으로 그들이 염소들을 데려오자, 왕과 회중이 그 위에 손을 얹었다. 제사장들은 염소들을 잡고 그 피를 제단에 속죄 제물로 드려, 온 이스라엘의 죄를 속죄했다. 온 이스라엘을 위해 번제

와 속죄제를 드리라는 왕의 명령이 있었기 때문이다.
25-26 왕은 레위인들에게 명령하여 다윗, 왕의 선견자 갓, 예
언자 나단의 지침에 따라 악기—심벌즈, 하프, 수금—를 들
고 **하나님**의 성전에 자리하게 했다. 이것은 **하나님**의 예언
자들이 전한 **하나님**의 명령이었다. 레위인들은 다윗의 악기
를 들고, 제사장들은 나팔을 들었다.
27-30 그때 히스기야가 시작 신호를 보냈다. 제단에서는 번제
가 드려지고, 나팔과 다윗의 악기 연주에 맞추어 거룩한 찬
양대가 찬양을 부르는 가운데 온 회중이 예배를 드렸다. 번
제를 드리는 내내 찬양대원들은 노래를 부르고 나팔을 든
사람들은 나팔을 불었다. 제사를 마치자, 왕과 거기에 모인
모든 사람이 바닥에 무릎을 꿇고 엎드려 예배했다. 이어 히
스기야 왕과 지도자들은 레위인들을 시켜, 다윗과 선견자
아삽이 지은 가사로 **하나님**을 찬양하는 찬송을 불러 순서를
마치게 했다. 그들은 무릎을 꿇은 채 기쁘고 경건한 마음으
로 찬양을 부르며 예배했다.
31-35 그러자 히스기야가 이렇게 답했다. "봉헌이 끝났습니
다. 여러분은 **하나님** 앞에서 정결해졌습니다. 이제 준비가
되었으니, 앞으로 나아와 여러분이 준비한 제물과 감사 제
물을 **하나님**의 성전으로 가져오십시오."
그들이 나아왔다. 모든 회중이 제물과 감사 제물을 가져왔
고, 어떤 사람은 자원하는 마음이 넘쳐흘러 번제물까지 가
져왔다. 그 넉넉한 마음은 황소 칠십 마리, 숫양 백 마리, 어

린양 이백 마리로 표현되었다. 모두가 **하나님**께 번제물로 바치기 위한 것이었다! 그날 제물로 거룩하게 구별된 짐승의 수는 황소가 육백 마리, 양이 삼천 마리에 이르렀다. 번제물을 잡을 자격이 되는 제사장들이 모자라 그들의 형제 레위인들까지 거들었고, 그동안 다른 제사장들은 그 일을 위해 스스로를 정결하게 했다. 사실 레위인들이 제사장들보다 더 책임감 있게 자신들의 정결을 지켰다. 성전에는 많은 양의 번제물 외에도, 화목 제물로 쓸 양질의 고기와, 번제와 함께 전제에 드릴 술도 풍성하게 있었다. **하나님**의 성전에서 드리는 예배는 다시 굳건히 자리 잡게 되었다!
36 히스기야와 회중은 이를 경축했다. 하나님께서 백성의 삶에 든든한 기초를 다져 주셨기 때문이다. 그것도 아주 신속히!

30

1-5 그 후에 히스기야는 이스라엘과 유다의 모든 사람을 초청하고, 에브라임과 므낫세에 직접 편지를 보내어, 예루살렘에 있는 하나님의 성전으로 와서 이스라엘 하나님의 유월절을 기념하여 지키도록 했다. 왕이 그의 관리 및 예루살렘 회중과 의논하여 둘째 달에 유월절을 지키기로 한 것이다. 그들이 이처럼 유월절을 제때에 지킬 수 없었던 것은, 준비된 제사장들이 부족했고 백성이 예루살렘에 모일 시간도 없었기 때문이다. 상황이 그러하므로 왕과 백성이 변경된 날짜를 승인하고, 나라 이 끝에서 저

끝, 곧 남쪽 브엘세바에서 북쪽 단에 이르기까지 초청장을 보냈다. "예루살렘으로 와서, 이스라엘 하나님의 유월절을 지키십시오." 백성 가운데 어느 누구도 전에 유월절을 제대로 지켜 본 적이 없었다.

6-9 왕이 명령을 내리자, 전령들이 이스라엘과 유다 전역에
왕과 지도자들의 초청장을 전달했다. 초청장의 내용은 이러하다. "이스라엘 사람들이여! **하나님** 곧 아브라함과 이삭과 이스라엘의 하나님께 돌아오라. 그러면 그분께서도 앗시리아 왕들의 강탈 가운데서 살아남은 너희에게 돌아오실 것이다. **하나님** 너희의 하나님께 등을 돌린 조상들의 죄를 답습하지 말라. 그 죄 때문에 하나님께서 그들을 망하게 하셨다. 그 잔해가 사방에 널려 있지 않느냐. 너희 조상들처럼 고집부리지 말고 **하나님**께서 내미신 손을 붙들라. 거룩한 예배를 드리는 그분의 성전, 영원히 거룩하게 하신 그곳으로 오라. **하나님** 너희 하나님을 섬겨라. 그러면 더 이상 그분의 불같은 진노가 임하지 않을 것이다. 너희가 **하나님**께로 돌아오면, 너희 친족과 자녀들을 포로로 잡아간 자들이 그들을 불쌍히 여겨 이 땅으로 돌려보낼 것이다. 너희 **하나님**은 은혜롭고 자비로우시니 너희를 냉대하지 않으실 것이다. 돌아오라. 그러면 그분께서 두 팔 벌려 너희를 반겨 주실 것이다."

10-12 전령들이 떠나서 에브라임과 므낫세 땅의 각 성읍을 두
루 거쳐 북쪽 스불론까지 이르렀다. 백성은 그들을 조롱하

고 비웃었다. 하지만 모두가 그런 것은 아니었다. 아셀, 므낫세, 스불론 일부 사람들은 겸손히 초청을 수락하여 예루살렘으로 왔다. 유다의 상황은 그보다 나았다. 하나님께서 유다 가운데 강력하게 역사하셔서, 왕과 관리들이 보낸 명령, 곧 **하나님** 말씀에 따른 명령에 모두가 응하게 하셨다.

13-17 유월절(때로 무교절이라고도 함)을 지키는 둘째 달이 되
자, 어마어마한 백성의 무리가 모여들었다. 먼저 그들은 예
루살렘에 있는 이방 제단들을 모두 없애고, 그 잔해를 가져
다가 기드론 골짜기에 던졌다. 둘째 달 십사일에는 유월절
어린양을 잡았다. 미처 준비하지 못한 제사장과 레위인들은
자신들의 게으름이 부끄러워, 스스로를 정결하게 한 뒤 번
제물을 **하나님**의 성전으로 가져왔다. 준비를 마치자, 그들
은 거룩한 사람 모세의 계시에 따라 지정된 자리에 섰다. 제
사장들은 레위인들에게서 피를 받아 뿌렸다. 회중 가운데
아주 많은 사람들이 정결예식을 치르지 않아 자격을 얻지
못했다. 그래서 그들이 **하나님** 앞에서 정결해질 수 있도록
레위인들이 유월절 어린양들을 잡고 정결예식을 치렀다.

18-19 회중 가운데는 에브라임, 므낫세, 잇사갈, 스불론 사람
들이 많았는데, 그들은 정결예식을 치르지 않아 유월절 식
사를 하지 못했다. 히스기야는 그들을 위해 다음과 같이 기
도했다. "모든 것이 선하신 **하나님**, 우리 조상의 하나님을
진심으로 구하는 모든 사람을 용서해 주십시오. 특별히 성
전 출입의 규정에 부합되지 않는 이들을 용서해 주십시오."

20 **하나님**께서 히스기야의 기도에 응답하셔서, 백성을 용서
해 주셨다.
21-22 예루살렘에 있는 모든 이스라엘 백성은 칠 일 동안 유
월절(무교절)을 지키며 한없이 즐거워했다. 레위인과 제사장
들은 날마다 **하나님**을 찬양했다. 타악기와 관악기의 찬양소
리가 하늘 가득 울려 퍼졌다. 히스기야는, 백성을 탁월하게
인도하여 **하나님**을 예배하게 한 레위인들을 칭찬했다.
22-23 절기와 축제—칠 일 동안 드린 영광스러운 예배와 제
사, **하나님** 그들 조상의 하나님께 드린 찬양—가 끝나 상을
닦고 바닥을 쓸고 난 회중은 절기를 칠 일 더 연장하기로 결
정했다! 그들은 처음 시작할 때처럼 기쁨에 넘쳐 절기를 이
어 갔다.
24-26 유다 왕 히스기야는 회중의 예배를 위해 황소 천 마리,
양 칠천 마리를 주었고, 관리들이 따로 황소 천 마리와 양
만 마리를 더 주었다. 자격을 얻고 잘 준비된 정결해진 제사
장들도 더 많아졌다. 유다 온 회중—제사장과 레위인, 이스
라엘에서 온 회중, 이스라엘과 유다에 사는 외국인들—이
모두 즐겁게 절기에 참여했다. 예루살렘은 온통 기쁨으로
가득 찼다. 이스라엘 왕 다윗의 아들 솔로몬이 성전을 건축
하여 봉헌한 이래, 예루살렘에 이와 같은 일이 없었다.
27 제사장과 레위인들이 일어나 마지막으로 백성을 축복했
다. 그들의 기도소리가 하나님이 계신 거룩한 곳 하늘에까
지 올라가, 그분께서 들으셨다.

히스기야의 종교개혁

31

1 유월절을 지킨 뒤에, 이스라엘 사람들은 모두
유다 성읍으로 가서 남근 모양의 석상들을 산산
이 부수고, 그들이 신성하게 여기는 아세라 목상들을 베어
내고, 지역의 음란한 종교 산당과 지역 신상들을 허물었다.
그들은 유다, 베냐민, 에브라임, 므낫세를 다 돌고 나서야 멈
추었다. 그들은 모두 집으로 돌아가서 일상생활에 복귀했다.
2 히스기야는 제사장과 레위인들을 그룹별로 조직하여 각각
일을 맡기고, 직무 내역서를 나누어 주어 예배 직무를 수행
하게 했다. 그들은 각종 제사를 드리고 언제 어디서 **하나님**
을 예배하든지 늘 감사와 찬양을 드렸다.
3 히스기야는 아침과 저녁 예배, 안식일, 초하루 절기, **하나**
님의 계시에 정해진 특별한 예배일을 위해 자기 소유를 번
제물로 쓰게 했다.
4 그는 또 제사장과 레위인들이 근심 걱정 없이 **하나님**의 계
시에 전적으로 헌신할 수 있도록, 예루살렘에 사는 백성이
책임지고 그들을 돌보게 했다.
5-7 히스기야가 명령을 내리자, 이스라엘 백성은 수확한 곡
식, 새 포도주, 기름, 꿀 등 그해에 재배한 모든 것의 첫 열
매를 넉넉하게 가져왔다. 백성은 아끼지 않고 모든 것의 십
일조를 바쳤다. 그들은 또 소와 양, **하나님**께 드려진 다른
모든 소유의 십일조도 가져왔다. 이렇게 가져온 것들을 구
분하여 차곡차곡 쌓았다. 그들은 셋째 달에 이 일을 시작하

여 일곱째 달에야 끝마쳤다.
8-9 히스기야와 지도자들이 와서 쌓여 있는 예물의 규모를
보고는, **하나님**을 찬양하고 하나님의 백성 이스라엘을 칭찬
했다. 히스기야는 어떻게 그 많은 예물들을 쌓을 수 있었는
지 제사장과 레위인들에게 물었다.
10 사독 가문의 대제사장 아사랴가 대답했다. "백성이 **하나
님**의 성전에 예물을 쏟아 놓기 시작하면서, 우리 모두가 충
분히 먹고도 이렇게 양식이 남았습니다. **하나님**께서 그분의
백성에게 복을 주셨습니다. 그 증거를 보십시오!"
11-18 히스기야는 **하나님**의 성전에 창고를 짓도록 명령했다.
창고가 마련되자, 제사장들은 모든 예물, 곧 십일조와 거룩
한 헌물들을 들여놓았다. 그들은 레위인 고나냐를 책임자
로, 그의 동생 시므이를 부책임자로 정했다. 고나냐와 시므
이는 여히엘, 아사시야, 나핫, 아사헬, 여리못, 요사밧, 엘
리엘, 이스마갸, 마핫, 브나야를 관리자로 세워, 히스기야
왕과 하나님의 성전 대제사장 아사랴의 명령을 수행하게 했
다. 동문 문지기인 레위인 임나의 아들 고레는 하나님께 드
리는 자원 제물을 관리하고, 그 제물과 거룩한 헌물을 나누
어 주었다. 제사장들이 사는 바깥 성읍들에서는 에덴, 미냐
민, 예수아, 스마야, 아마랴, 스가냐가 그 일을 성실하게 도
왔다. 그들은 그날그날 **하나님**의 성전에 들어가 그룹별(그
들의 일은 그룹별로 모두 조직되어 있었다)로 정해진 일을 하는
동료들(서른 살 이상 된 모든 남자)에게 몫을 공평하게 나누어

주었다. 공식적으로 명부에 오른 제사장은 가문별로, 스무
살 이상 된 레위인들은 직무별로 각 그룹을 구성했다. 공식
족보에는 어린아이와 아내와 아들과 딸들을 비롯한 전체 회
중이 다 들어 있었다. 그들은 열과 성을 다해 예배를 섬기며
예물을 바쳤다. 모두가 참여하는 전적인 헌신이었다.
19 제사장 성읍들에 딸린 목초지에 사는 아론의 자손 제사장
들은 평판이 좋은 사람들을 세워, 모든 제사장—레위인의
공식 족보에 오른 모든 사람—에게 정기적으로 먹을 몫을
나누어 주게 했다.
20-21 히스기야는 이 일을 유다 전역에서 지속적으로 시행했
다. 그는 단연 최고의 왕이었다. 그는 **하나님** 앞에서 선하고
의로우며 진실했다. 하나님의 성전에서 예배를 드리는 일
이든, 하나님의 율법과 계명을 지키는 일이든, 그 모든 일을
기도하고 예배하는 마음으로 행했다. 그래서 그는 하는 일
마다 형통했다.

32 1 히스기야 왕이 이처럼 본이 되는 행적을 남긴
이후, 앗시리아 왕 산헤립이 유다를 공격했다. 그
는 요새화된 성읍들을 포위하고, 그것을 빼앗을 작정이었다.
2-4 예루살렘을 빼앗는 것이 산헤립의 전략임을 알고, 히스
기야는 보좌관과 군지도자들과 의논하여 성 밖의 물 공급
을 모두 끊기로 했다. 그들은 그 방책을 좋게 여겼다. 많은

사람들이 몰려 나가 샘을 막고 수로를 허물었다. 그들이
말했다. "앗시리아 왕들이 쳐들어와서 이 물을 얻게 할 수
는 없지 않은가?"
5-6 히스기야는 또 성벽의 파손된 부분을 모두 보수하고, 그
위에 방어 망대를 쌓고 외곽으로 방벽을 쌓았다. 그리고 옛
다윗 성의 방어시설(밀로)을 보강했다. 그는 창과 방패 등
병기도 많이 만들었다. 또한 군지휘관들을 임명하여 백성을
책임지게 하고, 그들 모두를 성문 앞 광장에 불러 모았다.
6-8 히스기야는 그곳에 모인 백성 앞에서 말했다. "힘을 내십
시오! 용기를 내야 합니다! 앗시리아 왕과 그의 군대에 겁
먹지 마십시오. 우리 편이 그들 편보다 많습니다. 그는 한낱
인간 무리를 가졌을 뿐이지만, 우리에게는 우리를 도우시고
우리를 위해 싸우시는 **하나님**이 계십니다!"
히스기야의 말에 백성이 힘을 얻어 사기가 충천했다.
9-15 몇 킬로미터 떨어진 라기스에 진 치고 있던 산헤립이 예
루살렘으로 전령들을 보내어 히스기야 왕과 유다 백성에게
이렇게 말했다. "앗시리아 왕 산헤립이 선포한다. 너희 어
리석은 백성아, 너희가 요새라고 부르는 그 예루살렘 안에
서 안전할 것 같으냐? 너희는 독 안에 든 쥐다. 히스기야가
너희를 구해 줄 것 같으냐? 어리석게 굴지 마라. 히스기야
는 그동안 너희에게 거짓말만 늘어놓았다. '**하나님**께서 우
리를 앗시리아 왕의 손에서 구원하실 것이다'라는 말은 거
짓이다. 너희는 결국 모두 죽고 말 것이다. 지역의 산당들을

모두 없애고 '참된 예배 처소는 한 곳뿐이다'라고 한 자가 히
스기야 아니더냐? 나와 내 조상들이 이 주변 모든 나라에게
어떻게 했는지 너희는 알지 못하느냐? 내게 맞설 만큼 강력
한 신이 어디 하나라도 있었더냐? 나와 내 조상들이 파괴한
모든 나라 중에, 내게 맞서 손가락 하나라도 까닥했던 신의
이름을 너희가 하나라도 댈 수 있느냐? 그런데 어째서 너희
신은 다를 거라고 생각하느냐? 히스기야에게 속지 마라. 그
런 뻔뻔스런 거짓말을 늘어놓는 그를 그냥 두지 마라. 그를
믿지도 마라. 지금까지 어느 땅, 어느 나라의 신도 나와 내
조상들에 맞서는 데 조금도 도움이 되지 못했다. 하물며 너
희 신이 이길 확률은 얼마나 되겠느냐?"
16 산헤립의 부하들은 거리낌 없이 자신의 생각을 쏟아 놓으
며 하나님과 그분의 종 히스기야를 비방했다.
17 또한 산헤립은 편지를 보내 이스라엘의 하나님을 모욕했
다. "어느 나라의 신들도 제 백성을 돕지 못했다. 그들은 무
기력했다. 히스기야의 신이라고 해서 나을 것이 없다. 오히
려 더 못할 것이다."
18-19 산헤립의 부하들은 예루살렘 성벽까지 와서, 성벽 위에
서 있는 백성에게 히브리 말로 소리쳤다. 그들에게 겁을 주
어 사기를 잃고 항복하게 만들려고 한 것이다. 그들은 인간
이 만든 다른 민족의 신들에게 하듯이 예루살렘의 하나님을
업신여겼다.
20-21 이에 대해 히스기야 왕은 아모스의 아들 예언자 이사야

와 함께 기도하며 하늘을 향해 부르짖었다. **하나님**께서 응
답으로 천사를 보내셔서, 앗시리아 진의 모든 용사와 지휘
관들을 다 쓸어버리셨다. 망신을 당한 산헤립은 기가 죽어
서 고국으로 돌아갈 수밖에 없었다. 그가 자기 신의 신전에
들어갔을 때, 그의 친아들들이 그를 죽였다.
22-23 **하나님**께서는 이렇게 히스기야와 예루살렘 주민들을
앗시리아 왕 산헤립과 다른 모든 자에게서 구원하셨다. 그
분은 계속해서 그들을 보살펴 주셨다. 사람들은 **하나님**을
예배할 예물과 유다 왕 히스기야에게 줄 값비싼 선물들을
가지고 예루살렘에 몰려들었다. 주변 모든 나라들이 깊이
감동했고, 히스기야는 널리 명성을 얻었다.

24 얼마 후에 히스기야가 죽을병이 들었다. 그는 **하나님**께
기도했고 확실한 표징을 받았다.
25-26 그러나 히스기야는 그 표징에 감사할 줄 모르고 교만해
졌다. 그것이 **하나님**을 진노케 하여 유다와 예루살렘에 하
나님의 진노가 가득 찼다. 그러나 히스기야가 자신의 교만
을 회개하고 예루살렘도 그와 함께했으므로, 히스기야가 살
아 있는 동안에는 **하나님**께서 진노를 거두셨다.
27-31 히스기야는 큰 부귀영화를 누렸다. 그는 모든 금과 은과
보석과 향료와 방패와 귀중품을 보관할 장소와, 곡식과 새
포도주와 올리브기름을 저장해 둘 곳간, 여러 품종의 소들을

둘 외양간, 양 떼를 둘 우리를 지었다. 그는 자신을 위해 성읍들을 짓고, 양 떼와 소 떼 보유량도 크게 늘렸다. 하나님은 그를 큰 부자가 되게 해주셨다. 기혼 샘 위쪽 물줄기의 방향을 틀어서 다윗 성 서쪽으로 돌린 것도 히스기야였다. 그가 손대는 일마다 다 잘되었다. 그러나 바빌론 통치자들이 그전에 있었던 하나님의 기적에 대해 알아보려고 사절단을 보냈을 때, 하나님은 히스기야가 어떻게 하는지 보려고 그를 내버려 두셨다. 그의 마음을 시험하고자 하신 것이다.

32-33 히스기야의 나머지 역사와 충성된 생애는 '유다와 이스라엘 왕 연대기'에 나오는 아모스의 아들 예언자 이사야의 묵시록에 기록되어 있다. 히스기야가 죽자 사람들은 그를 다윗 왕 묘지의 위쪽에 묻었다. 유다와 예루살렘의 모든 사람이 장례식에 참석한 가운데, 그는 아주 영예롭게 장사되었다.
그의 아들 므낫세가 뒤를 이어 왕이 되었다.

유다 왕 므낫세

33 1-6 므낫세는 왕이 되었을 때 열두 살이었다. 그는 예루살렘에서 오십오 년 동안 다스렸다. **하나님** 보시기에 그는 나쁜 왕, 악한 왕이었다. 그는 **하나님**께서 이스라엘 자손을 위해 이방 민족들을 쫓아내시던 때에,

그 땅에서 사라졌던 모든 도덕적 부패와 영적 타락을 다시 들여놓기 시작했다. 아버지 히스기야가 허물어 버린 음란한 종교 산당들을 다시 지었고, 음란한 신 바알과 아세라를 위해 제단과 남근 목상을 세웠다. 그는 또 일월성신을 숭배하여 별자리의 지시에 따랐다. 그는 일월성신을 위한 산당들을 짓고, 하나님께서 정하신 대로("내가 예루살렘에 내 이름을 두겠다") 오직 **하나님**의 이름만 예배하도록 드려진 예루살렘 성전의 두 뜰에 그것들을 두었다. 벤힌놈 골짜기에서 자기 아들들을 희생 제물로 불살라 바쳤고, 악한 마술과 점술을 행했다. 그는 지하의 혼백을 불러내 궁금한 것들을 묻기도 했다. 그에게 악이 넘쳐났다. **하나님** 보시기에, 악으로 일관된 생애였다. **하나님**께서 진노하셨다.

7-8 결정적으로 그는 음란한 여신 아세라 목상을 하나님의 성전 안에 두었는데, 이것은 하나님께서 다윗과 솔로몬에게 명령하신 다음의 말씀을 명백히, 보란 듯이 범한 일이었다. "내가 이스라엘 모든 지파 가운데서 택한 이 성전과 이 예루살렘 성에 내 이름을 영원히 두겠다." 그분은 이렇게 약속하셨다. "내가 다시는 내 백성 이스라엘로 하여금 내가 그들의 조상에게 준 이 땅을 떠나서 방황하지 않게 할 것이다. 그러나 조건이 있다. 그들이 내 종 모세가 전해 준 지침에 따라 내가 명령한 모든 것을 지켜야 한다."

9-10 그러나 므낫세는 유다와 예루살렘 주민들을 그 길에서 벗어나게 했고, 일찍이 **하나님**께서 멸망시키신 이방 민족들

의 악행을 넘어서는 악한 행위로 그들을 이끌었다. **하나님**
께서 이 일로 므낫세와 그의 백성에게 말씀하셨지만, 그들
은 **하나님**을 무시했다.
11-13 그러자 **하나님**께서는 앗시리아 왕의 군지도자들을 시
켜 므낫세를 뒤쫓게 하셨다. 그들은 그의 코에 갈고리를 꿰
고 발에는 족쇄를 채워 바빌론으로 끌고 갔다. 곤경에 처하
자, 므낫세는 무릎 꿇고 기도하며 하나님께 도우심을 구했
다. 그는 그의 조상의 하나님 앞에서 철저히 회개했다. **하나
님**께서 마음이 움직이셔서 그의 기도를 들어주시고, 그를
다시 예루살렘으로 데려와 왕이 되게 하셨다. 그제야 므낫
세는 **하나님**께서 모든 것을 다스리심을 확실하게 깨달았다.
14-17 그 후 므낫세는 기혼 샘 서쪽 골짜기에 다윗 성의 바깥
쪽 방벽을 재건했다. 방벽은 물고기 문에서 시작하여 오벨
산을 돌아 나갔다. 그는 방벽도 더 높이 쌓았다. 유다 모든
요새 성읍에 군지휘관들을 주둔시켜 방어체제를 강화했다.
그는 또 대대적인 성전 정화를 실시하여, 이방 우상과 여신
상을 제거했다. 또한 성전이 있는 산 위와 예루살렘 전역에
세워 놓은 모든 이교의 제단을 가져다가 성 바깥에 버렸다.
그는 **하나님**의 제단을 다시 사용할 수 있게 보수하고, 예배
를 회복하여 화목제와 감사제를 드렸다. 그는 백성에게 "**하
나님** 이스라엘의 하나님을 섬기고 예배하라"고 명령했다.
그러나 백성은 그의 말을 진지하게 받아들이지 않았다. 그
들은 '**하나님**'이라는 이름은 사용했지만, 계속해서 지역의

옛 이방 산당들을 다니며 전과 똑같이 행했다.
18-19 므낫세의 나머지 역사, 그가 하나님께 드린 기도, 예언
자들이 **하나님** 이스라엘의 하나님의 권세로 직접 전한 말씀
들은 '이스라엘 왕 연대기'에 모두 기록되어 있다. 그의 기도
와 그 기도에 하나님의 마음이 움직이신 일, 그의 모든 죄와
허물들, 그가 이방 산당을 지은 장소들, 음란한 여신 아세라
를 세운 곳들, 그가 회심 전에 숭배한 우상들, 이 모두가 예
언자들의 역사책에 기록되어 있다.
20 므낫세가 죽자, 사람들은 그를 왕궁 동산에 묻었다. 그의
아들 아몬이 뒤를 이어 왕이 되었다.

유다 왕 아몬

21-23 아몬은 왕이 되었을 때 스물두 살이었다. 그는 예루살
렘에서 이 년 동안 다스렸다. **하나님** 보시기에 그는 아버지
므낫세처럼 악하게 살았다. 그러나 므낫세와 달리, 그는 끝
내 **하나님**께 회개하지 않았다. 끝까지 여러 악한 행위를 일
삼았다.
24-25 결국 아몬의 신하들이 반역하여 왕궁에서 그를 암살했
다. 그러나 백성이 아몬 왕의 암살자들을 죽이고 아몬의 아
들 요시야를 왕으로 삼았다.

유다 왕 요시야

34 1-2 요시야는 왕이 되었을 때 여덟 살이었다. 그
는 예루살렘에서 삼십일 년 동안 다스렸다. 그
는 **하나님** 앞에서 바르게 행했다. 그의 조상 다윗이 밝히 보
여준 길을 똑바로 따라갔고, 왼쪽으로나 오른쪽으로나 한
걸음도 벗어나지 않았다.
3-7 요시야는 왕이 된 지 팔 년째 되던 해에—아직 겨우 십
대였다—자기 조상 다윗의 하나님을 찾기 시작했다. 사 년
후 재위 십이년이 되던 해에는, 지역의 음란한 종교 산당과
신성하게 여기는 아세라 목상들을 제거하고, 조각한 것이
든 부어 만든 것이든 상관없이, 그 우상들은 유다에서 모조
리 없앴다. 그는 바알 산당들을 부수고, 제단들을 허물고,
그 파편과 재를 거기서 예배하던 자들의 무덤 위에 뿌렸다.
또한 그 제사장들의 뼈를 그들이 살아 있을 때 사용하던 바
로 그 제단 위에서 불태웠다. 그는 그 땅, 유다와 예루살렘
을 안팎으로 깨끗이 정화했다. 정화 작업은 밖으로 므낫세,
에브라임, 시므온 성읍과 그 주변 마을들, 그리고 북쪽 납달
리에까지 이르렀다. 이스라엘 전역에서 그는 제단과 아세라
목상들을 부수고, 그 우상들을 빻아 가루로 만들고, 지역의
산당들을 찍어 장작감으로 만들었다. 이스라엘이 원래의 모
습을 되찾자, 그는 예루살렘으로 돌아왔다.

계시의 책을 발견하다

8-13 요시야 왕 십팔년 어느 날에, 왕은 그 땅과 성전 정화를
마치고, 아살랴의 아들 사반과 성읍 책임자 마아세야와 요
아하스의 아들 사관 요아를 보내어 **하나님**의 성전을 새롭게
단장하게 했다. 먼저 그들은 므낫세와 에브라임과 나머지
이스라엘, 그리고 유다와 베냐민과 예루살렘 주민들에게서
레위인 문지기들이 거둔 헌금을 모두 대제사장 힐기야에게
넘겼다. 힐기야는 그 돈을 다시 **하나님**의 성전 공사를 관리
하는 감독관들의 손에 넘겼고, 그들은 다시 그것을 **하나님**
의 성전을 보수하는 일꾼들인 목수와 건축자와 석수들에게
전했다. 일꾼들은 그 돈으로 목재와 석재를 구입하여, 그동
안 유다 왕들이 완전히 허물었던 성전 기초를 다시 세웠다.
일꾼들은 정직하고 부지런했다. 그들을 감독하고 공사를 관
리하는 사람은 모두 레위인이었는데, 므라리 자손 중에 야
핫과 오바댜, 고핫 자손 중에 스가랴와 무술람이 있었다. 레
위인들—모두 숙련된 음악인이었다—은 막일꾼들을 관할
하고, 이 일 저 일을 살피며 노역자들을 감독했다. 또 레위
인들은 회계, 관리, 문지기로 섬겼다.

14-17 대제사장 힐기야는 **하나님**의 성전을 위해 바친 돈을 접
수하고 분배하던 중에, 모세의 계시의 책 사본을 발견했다.
그는 왕의 서기관 사반에게 소식을 전했다. "내가 방금 **하나
님**의 길을 일러 주는 하나님의 계시의 책을 발견했습니다.
성전에서 찾았습니다!" 그가 그 책을 사반에게 주자, 사반

은 그것을 다시 왕에게 가지고 가서 이렇게 보고했다. "왕께
서 명령하신 일을 다 마쳤습니다. **하나님**의 성전에서 거둔
돈을 모두 가져다 관리자와 일꾼들에게 주었습니다."
18 사반은 또 왕에게 말했다. "제사장 힐기야가 저에게 책을
하나 주었습니다." 사반은 그 책을 왕에게 읽어 주었다.
19-21 왕은 그 책, 곧 **하나님**의 계시에 기록된 내용을 듣고,
크게 놀라며 자기 옷을 찢었다. 왕은 힐기야와 사반의 아들
아히감, 미가의 아들 압돈, 서기관 사반, 왕의 개인 보좌관
아사야를 불러 그들 모두에게 명령했다. "가서 나와 이스라
엘과 유다에 남아 있는 백성을 위해 **하나님**께 기도하시오!
방금 발견한 이 책에 기록된 내용에 우리가 어떻게 반응해
야 하는지 알아보시오! **하나님**의 진노가 우리를 향해 불같
이 타오르고 있는 것이 분명하오. 우리 조상은 이 **하나님**의
책에 기록된 말씀에 조금도 순종하지 않았고, **하나님**께서
주신 지침을 하나도 따르지 않았소."
22-25 힐기야와 왕에게 뽑힌 사람들은 곧바로 여예언자 훌다
를 찾아갔다. 훌다는 하스라의 손자요 독핫의 아들이요 왕
궁 예복을 맡은 살룸의 아내로, 예루살렘 둘째 구역에 살고
있었다. 그들이 찾아가 그녀의 의견을 구했다. 훌다는 그들
에게 이렇게 답했다. "**하나님** 이스라엘의 하나님의 말씀입
니다. '너희를 이곳으로 보낸 사람에게 전하여라. "내가 이
곳과 이 백성에게 심판의 재앙을 내릴 것이다. 유다 왕이 읽
은 그 책에 기록된 모든 말씀이 그대로 이루어질 것이다. 그

들이 나를 버리고 다른 신들을 가까이했고, 신상을 만들고
팔아 나를 더없이 노하게 했기 때문이다. 내 진노가 이곳을
향해 뜨겁게 타오르고 있으니, 아무도 그 불을 끌 수 없을
것이다."'
26-28 또 유다 왕이 **하나님**의 인도하심을 구했으니 왕께 전
하십시오. 왕이 책에서 읽은 내용에 대한 **하나님**의 말씀입
니다. '내가 이곳과 이 백성에게 심판의 재앙을 내리겠다고
한 말을 네가 진심으로 받아들이고 겸손하게 회개하며, 크
게 놀라 옷을 찢고 내 앞에서 울었으니, 내가 너를 진심으로
대하겠다. **하나님**의 말씀이다. 내가 너를 돌볼 것이다. 너는
평안히 죽어서 묻힐 것이다. 내가 이곳에 내릴 재앙을 너는
보지 못할 것이다.'"
그들이 훌다의 메시지를 가지고 왕에게 돌아갔다.
29-31 왕은 곧바로 행동에 나서, 유다와 예루살렘의 모든 장
로를 소집한 다음, 모든 백성—가장 작은 자부터 가장 큰
자에 이르기까지 모든 제사장과 예언자와 백성—을 거느리
고 **하나님**의 성전으로 나아왔다. 그리고 **하나님**의 성전에서
발견된 언약책에 기록된 내용을 모든 사람 앞에서 큰소리
로 낭독했다. 왕은 그의 자리에 서서 **하나님** 앞에 엄숙히 맹
세했다. 믿음과 순종으로 **하나님**을 따르고, 무엇을 믿고 행
해야 할지 그분이 지시하신 대로 온 마음을 다해 따르며, 그
책에 기록된 모든 언약대로 살기로 굳게 맹세한 것이다.
32 그러고 나서 그는 모든 예루살렘과 베냐민 사람이 언약에

참여하게 했다. 그러자 그들은 왕의 명령을 따라 하나님 그
들 조상의 하나님과의 언약을 온전히 지키기로 했다.
33 요시야는 이스라엘 땅에 두루 퍼져 있던 더러운 것들을
완전히 제거하고, 모든 사람이 새롭게 시작하여 그들의 **하
나님**을 섬기고 예배하게 했다. 요시야가 살아 있는 동안, 백
성은 곧고 좁은 길을 지키며, **하나님** 그들 조상의 하나님께
순종했다.

35 1-4 요시야는 예루살렘에서 **하나님**께 유월절을
지켰다. 사람들은 첫째 달 십사일에 유월절 어
린양을 잡았다. 그는 제사장들에게 상세한 지침을 주었고,
그들을 격려하여 **하나님**의 성전에서 예배를 인도하게 했다.
그는 또 이스라엘 백성에게 예배와 관련된 제반 사항을 가
르치고 지도하는 일을 맡은 레위인들(이 일을 위해 거룩하게
구별된 자들이었다)에게 이렇게 말했다. "거룩한 궤를 이스라
엘 왕 다윗의 아들 솔로몬이 지은 성전 안에 두시오. 당신들
은 더 이상 그것을 어깨에 메고 다닐 필요가 없소! **하나님**과
하나님의 백성 이스라엘을 섬기시오. 당신 자신들을 가문별
로 조직하고, 이스라엘 왕 다윗과 그 아들 솔로몬이 남긴 지
침에 따라 각자 책임을 다하시오.
5-6 성소에 나가서 각자 자리를 잡되, 당신들의 동족인 일반
백성의 각 가문을 레위인 한 조가 맡아야 합니다. 당신들이

할 일은 유월절 어린양을 잡는 것입니다. 당신들 자신을 정
결하게 하고 어린양을 준비하여, 모든 사람이 **하나님**께서 모
세를 통해 명령하신 대로 유월절을 지킬 수 있게 해야 하오."
7-9 요시야 왕이 자기 소유의 양과 어린양과 염소 삼만 마리,
황소 삼천 마리를 내놓음으로써, 유월절을 지키는 데 필요
한 모든 것이 마련되었다. 그의 관리들도 제사장과 레위인
을 비롯한 백성을 위해 나섰는데, 하나님의 성전 지도자들
인 힐기야, 스가랴, 여히엘은 어린양 이천육백 마리, 황소
삼백 마리를 유월절 제물로 제사장들에게 내놓았다. 고니냐
와 그의 동생 스마야와 느다넬은 레위인 지도자인 하사뱌,
여이엘, 요사밧과 함께, 어린양 오천 마리와 황소 오백 마리
를 유월절 제물로 레위인들에게 내놓았다.
10-13 예배 준비가 모두 끝났다. 제사장들은 각자 자기 위치
에 서고 레위인들도 왕의 지시대로 각자 맡은 자리로 갔다.
그들은 유월절 어린양을 잡았다. 제사장들이 어린양의 피를
뿌리는 동안, 레위인들은 가죽을 벗겼다. 이어서 그들은 번
제물을 따로 챙겨 백성에게 가문별로 나누어 주어, 각 가문
이 모세의 책에 나온 지침에 따라 **하나님**께 바칠 수 있게 했
다. 소도 같은 방법으로 했다. 그들은 지침대로 유월절 어린
양을 굽고, 거룩하게 구별된 제물들을 솥과 가마와 냄비에
삶아서 신속히 백성에게 대접했다.
14 백성이 거룩한 식사를 마친 다음, 레위인들은 자기들도
먹고 아론의 자손 제사장들에게도 대접했다. 제사장들은 밤

늦게까지 제단에서 제사를 드리느라 몹시 분주했다.
15 아삽 찬양대들은 다윗, 아삽, 헤만, 왕의 선견자 여두둔의
지침에 따라 각자의 자리에 섰다. 각 문을 지키는 문지기들
이 맡은 자리를 떠날 수 없었으므로, 레위인들은 그들에게
도 음식을 대접했다.
16-19 그날 **하나님**을 예배하는 모든 일이 아무 문제없이 진행
되었다. 그들은 유월절을 지키며 **하나님**의 제단에 번제를
드렸다. 모든 절차가 요시야의 명령대로 이루어졌다. 이스
라엘 백성은 무교절로도 알려진 유월절을 칠 일 동안 지켰
다. 예언자 사무엘 시대 이후로 이처럼 유월절이 지켜진 적
은 없었다. 어떤 왕도 유월절을 지키지 않았다. 그러나 요시
야와 제사장과 레위인과, 그 주에 거기 모인 온 유다와 이스
라엘 그리고 예루살렘 주민들은 유월절을 지켰다. 이렇게
유월절을 지킨 것은, 요시야 왕이 다스린 지 십팔 년이 되던
해의 일이었다.

20 요시야가 성전 개혁을 마치고 나서 얼마 후, 이집트의 느
고 왕이 전쟁을 하려고 유프라테스 강가의 갈그미스를 향해
진군했다. 요시야는 그와 싸우러 나갔다.
21 느고는 요시야에게 전령을 보내 말했다. "유다 왕이여,
우리가 서로에게 무슨 반감이 있겠소? 나는 당신과 싸우러
온 게 아니라 지금 전쟁중인 나라를 치러 왔소. 하나님께서

내게 서두르라 명령하셨으니 내 앞을 가로막지 마시오. 공연히 나섰다가는 하나님만 방해하게 될 뿐이오. 하나님이 이번 일에는 내 편이시니 당신을 멸하실 것이오."
22-23 그러나 싸우고 싶어 못 견딘 요시야는 느고의 말을 전혀 듣지 않았다(사실 느고에게 말씀하신 분은 하나님이셨다). 그들이 므깃도 평원에서 마주쳤을 때 요시야 왕은 변장을 하고 있었지만, 적의 활 쏘는 자들이 그에게 화살을 쏘아 맞추었다.
왕이 부하들에게 말했다. "나를 여기서 데리고 나가라. 내가 중상을 입었다."
24-25 부하들은 그를 전차에서 끌어내 구급 전차에 뉘어 예루살렘으로 데려왔다. 그는 거기서 죽어 가족 묘지에 묻혔다. 유다와 예루살렘 모든 사람이 요시야의 장례식에 참석했고, 예레미야는 그를 위해 애가를 지었다. 오늘까지도 이스라엘 찬양대가 부르는 그 노래는 애가집에 기록되어 있다.
26-1 요시야의 나머지 역사, **하나님**의 계시에 기록된 대로 살았던 그의 모범적이고 경건한 삶은 '이스라엘과 유다 왕 연대기'에 처음부터 끝까지 기록되어 있다. 백성의 지지를 받은 요시야의 아들 여호아하스가 아버지의 뒤를 이어 예루살렘에서 왕이 되었다.

유다 왕 여호아하스

36 2-3 여호아하스는 왕이 되었을 때 스물세 살이었
다. 그는 예루살렘에서 석 달 동안 다스렸다. 이
집트 왕이 그를 왕위에서 물러나게 하고, 강제로 은 4톤가
량과 금 34킬로그램을 바치게 했다.

유다 왕 여호야김

4 이어서 이집트 왕 느고는 여호아하스의 형제 엘리아김을
유다와 예루살렘의 왕으로 삼고, 그 이름을 여호야김으로
고쳤다. 그 후 여호아하스를 사로잡아 이집트로 돌아갔다.
5 여호야김은 왕이 되었을 때 스물다섯 살이었다. 그는 예루
살렘에서 십일 년 동안 다스렸다. **하나님** 보시기에 그는 악
한 왕이었다.
6-7 바빌론 왕 느부갓네살이 전쟁을 일으켜 그를 청동사슬로
결박하고, 바빌론에 포로로 잡아갔다. 느부갓네살은 **하나님**
의 성전 기구들도 가져가 바빌론의 자기 왕궁에 두었다.
8 여호야김의 나머지 역사, 그가 저지른 악한 신성모독과 그
결과로 당한 일은 '이스라엘과 유다 왕 연대기'에 모두 기록
되어 있다.
그의 아들 여호야긴이 뒤를 이어 왕이 되었다.

유다 왕 여호야긴

9-10 여호야긴은 왕이 되었을 때 열여덟 살이었다. 그러나 그

는 예루살렘에서 석 달 열흘밖에 다스리지 못했다. **하나님**
보시기에 그는 악한 왕이었다. 그해 봄에 느부갓네살 왕이
하나님의 성전에 남아 있는 귀중품들과 함께 여호야긴을 바
빌론으로 사로잡아 오도록 명령했다. 그 후 느부갓네살은
여호야긴의 삼촌 시드기야를 유다와 예루살렘의 꼭두각시
왕으로 세웠다.

유다 왕 시드기야

11-13 시드기야는 왕이 되었을 때 스물한 살이었다. 그는 예
루살렘에서 십일 년 동안 다스렸다. **하나님** 보시기에 시드
기야 역시 악한 왕에 지나지 않았다. 예언자 예레미야가 그
에게 **하나님**의 말씀을 전했을 때, 그는 조금도 뉘우치지 않
았다. 오히려 느부갓네살 왕에게 반역하여 재난을 더 키웠
다. 느부갓네살 왕은 일찍이 그에게 하나님의 이름으로 충
성을 맹세하게 했다. 그러나 시드기야는 자신의 완고한 방
식을 고집했다. **하나님** 생각은 안중에도 없었고, 회개할 마
음도 전혀 없었다.
14 그의 악한 사고방식은 지도자와 제사장들에게로 퍼졌고,
백성에게도 스며들었다. 악이 전염병처럼 퍼져 이방인들의
가증한 일들이 되풀이되었다. 이제 겨우 성결해진 예루살렘
의 **하나님**의 성전이 다시 더럽혀지고 말았다.
15-17 **하나님** 그들 조상의 하나님께서는 거듭 경고의 말씀을
보내셨다. 백성과 성전을 긍휼히 여기시는 마음에서, 그분

은 그들에게 최대한 기회를 주기 원하셨다. 그러나 그들은
들으려고 하지 않았다. 그들은 하나님의 전령들을 조롱하
고, 말씀 자체를 멸시했으며, 예언자들을 바보 취급했다. **하
나님**의 진노가 거세어져, 마침내 상황은 돌이킬 수 없게 되
었다. **하나님**께서 바빌론 왕 느부갓네살을 불러들이셨고,
그는 와서 닥치는 대로 쳐죽였다. 그것도 성전 안에서 그렇
게 했다. 인정사정없는 살육이었다. 젊은 남자와 처녀와 노
약자를 가리지 않았다.
18-20 나아가 그는, 성전의 귀중품을 모조리 약탈하여 바빌론
으로 가져갔다. 하나님의 성전 안에 있는 보물 보관소와 왕
과 관리들의 보물 보관소를 모두 비우고 약탈해 갔다. 재물
과 함께 사람들도 모두 바빌론으로 끌고 갔다. 그는 하나님
의 성전을 불사르고, 예루살렘 성벽을 허물며, 모든 건물에
불을 질렀다. 그 안에 있던 각종 귀중품들이 모두 불에 타고
말았다. 생존자는 너 나 할 것 없이 바빌론에 포로로 잡혀가
서 느부갓네살과 그 집안의 종이 되었다. 포로와 종의 생활
은 페르시아 왕국이 세워질 때까지 계속되었다.
21 이것은 예레미야가 전한 **하나님**의 메시지 그대로 이루어
진 것이다. 황폐한 땅은 긴 시간 안식에 들어갔다. 그동안
지켜지지 않았던 모든 안식일을 채우는 칠십 년 동안의 안
식이었다.

페르시아 왕 고레스의 귀국 명령

22-23 페르시아 왕 고레스 일년에, **하나님**께서는 예레미야를
통해 주신 메시지를 이루시려고, 페르시아 왕 고레스의 마
음을 움직여 온 나라에 공포하게 하셨다. 그 내용은 이러하
다. "페르시아 왕 고레스가 선포한다. **하나님** 하늘의 하나
님께서 내게 지상의 모든 나라를 주셨다. 또 내게 명령하여,
유다에 있는 예루살렘에 그분을 예배할 성전을 짓게 하셨
다. **하나님**의 백성에 속한 사람들은 모두 돌아가라. 너희 **하
나님**께서 너희와 함께하시기를 빈다! 자, 이제 나아가거라!"